译文经典

存在主义是一种人道主义

L'existentialisme est un humanisme

Jean-Paul Sartre

〔法〕让 - 保罗·萨特 著

周煦良 汤永宽 译

上海译文出版社

演讲的前因后果

《存在主义是一种人道主义》起初是一份演讲速记稿，后经萨特本人修改而成。1945 年 10 月 29 日周一，萨特应"现在俱乐部"之邀在巴黎发表了此次演讲，雅克·卡尔米和马克·贝格贝德尔在法国解放之际成立了该组织，旨在"活跃文学界和文化界"。演讲稿于第二年交由纳热尔出版社付梓出版。为什么《存在与虚无》（1943 年）的作者坚持要用他的理论来佐证人道主义呢？

这要从刚刚首印出版的《自由之路》说起——小说前两卷《不惑之年》和《缓期执行》陷入了毁誉参半的境况之中。那些在当时思想正统的人看来惊世骇俗的细节倒并没有引来过多关注。不过，小说主人公得到了一个"纤纤弱质、玩世不恭"的评价。"我笔下的人物之所以显得格格不入，"萨特写道，"那是因为他们意识清晰。他们清楚自己是谁，而且选择成为自己。"马蒂厄的性格摇摆不定、暧昧不明，他显然不是史诗中的人物，也不可能是正面的英雄。在马蒂厄执着地找寻真正的自由生活的过程中——这恰好对应了《存在与虚无》的哲学思索，他唯一的利器是那份绝然的清明，但于他而言，这同样是一种磨难。发生在他身上的事以及他的所作所为，没有半分的实在性；他从未真真切切地开始过生活。因此，人们无从确切地判断这部小说能否从精神和道德层面来探讨一种正在成形的信仰，其思想演变直到第二卷结尾处还没有终止。或许是因为小说比哲学类书籍更容易阅读，再加上某些热忱的卫道士帮忙，《自由之路》的出版扩大了萨特存在主义的影响。然而，论战内容却变得累赘庞杂、混乱不清，这"多亏了"我们现今称为"媒体现象"的参与——有大肆宣传和混为一谈的、有明枪暗箭中伤的，还有掉书袋的——至于各方的理由，仍有待找寻。由此导致的侵袭其实是双向的：作者要承受令人炫目的浮华盛名，公众则需要面对存在主义。"地狱即他人"、"存在先于本质"、"人是无用的激情"，这些断章取义的句子莫名其妙地出现在了报纸上，像恶魔的口号一般耸人听闻。

至于知识分子，他们是不屑于出口伤人的，但他们在批判前并没有对《存在与虚无》进行过深入的分析[1]。除了无神论的论调，基督徒还指责萨特是唯物主义者，但共产主义者又宣称他根本算不上唯物主义；前者抱怨他"随心所欲地把自我放在了首要位置上"，后者则批评他的主观论；对"偶然性"、

---

[1] 其实，年轻的哲学家们已经组成了一个比先前萨特的学生更大的圈子，并在里面关注他的著作，比如弗朗西斯·让松，他发表了《萨特的道德问题和思想》（香桃木出版社，1947 年）。

"孤立无援"和"焦虑"的定义又同时得罪了两大阵营。基督徒和共产主义者均粗暴地拒绝了萨特，他甚至能感受到憎恨的意味。诚如一位反对者所说，在经历过战争的蹂躏之后，这样的拒绝仅仅是因为智者"都纠结在某种既能符合历史要求，又能用来克服当前危机的'人'的定义上"吗？事实是，那些异议的声音更加偏向于道德范畴，甚至归根结底是功利主义的，而不是哲学的。人们不会花力气去讨论萨特在著作中如何组织他的观点，或者他的论点是否有理有据。同一位批评家①还写过："没人能读懂《存在与虚无》。"在大多数人的思维中，萨特无疑会成为一个出类拔萃的反人道主义分子：在法国百废待兴、亟待希望之际，他偏偏来挫败法国人民的斗志。

为了能够让公众更加准确地理解他哲学思想的统一性，萨特同意发表此次演讲。②然而，蜂拥进入礼堂的群情激昂的人群让哲学家顿感困惑。他猜到在这些人中，有一半是仰慕他的哲学前来旁听的，还有一半则是猎奇者，因为存在主义和作家本人早就"名声在外"了。萨特承认，存在主义这种理论仅适

---

① 这位批评家认为存在主义是"一种思想的病态"。参见：《改良的反思》，皮埃尔·埃玛纽埃尔著，发表于1945年4月的《泉水》杂志第41期；《什么是存在主义？一次攻势的总结》，发表于1945年11月24日的《法国文学》杂志。

② 这并不是萨特的首次尝试。他曾在周刊《行动》上定义过"存在主义"，并且回应了共产主义者的批评。参见：《关于存在主义：一些改良》，1944年12月29日(《萨特作品集》，米歇尔·孔塔和米歇尔·里巴尔卡编，伽里玛出版社，1970年)。

合在哲学圈内讨论，不过他也在尝试能让广大民众或多或少地理解一点。起因就是那本晦涩难懂的《存在与虚无》，它不仅遭到误读，还被曲解，这完全脱离了他的掌控，而他自认为负有不可推卸的责任。除了难以笼络的民众，人们猜测，萨特的这次演讲其实是为共产主义者而做的，他想拉近和他们的关系。几个月前，他还在几份共产主义者的地下刊物上发表文章；但现在联系突然断了，共产主义者的敌意随着存在主义的传播越来越浓。

可是，萨特并不是在理性思考的促动下决定向共产主义者示好的。《存在与虚无》是萨特经过数年的酝酿，在惬意的孤独中构建起来的；是"奇怪战争"期间在德国战俘营中不得已而为之的消遣；但智慧的力量可以用来发现关乎"存在"、关乎人类的真相，却无法排遣萨特在法国被占领期间的那种无力感。他当时热衷于集体活动，那是因为他感受到了历史的重量以及社会的重要性。同年10月，《现代》的创刊号问世了；他创办这份杂志就是想通过专栏、报道和研究来声援左派的社会和经济斗争（"被枪决党"①成了首位代言人），来实现人类的自由。不过，《现代》团队保留了自由批评的权利："谁能改变人类的社会境况以及'人'的概念，我们就站在谁那一边。因此，在今后的政治和社会事件中，我们的杂志会依据情况来决

---

① 包括法国共产党和亲苏联的左派，他们因在抵抗运动中牺牲了众多党员而自称"被枪决党"。——译者注

定立场。杂志的行为没有政治目的，它绝不会为任何一个政党效劳。"[1]

这份评判的自由，共产主义的理论家不需要；套用《人道报》的名言，它"反过来帮了反动派的忙"。[2]从理论角度考虑，"自由"这个观点也为大家出了一个难题。在演讲中，萨特从他的哲学研究出发，希望至少能够说服共产主义者中的马克思主义分子，他没有诋毁马克思主义从经济学的角度来定义的"人"的概念。"我们不是在同一层面考虑人类是自由的还是被束缚的。"他后来在《唯物主义和革命》[3]中这样写道，那时候的他可以更加从容地解释他和共产主义者之间的分歧。

人们要求萨特以《存在与虚无》[4]为出发点，来解释他积极介入社会的道德动机；后来索性代他得出了道德败坏的结论，并在不久之后借此攻击他。抱着消弭误解的愿望，萨特只得简化他的理论，着重突出我们之后会听到的那些内容。他成功地抹去了从"人类现状"到"存在"这牢不可破的关系之间所包含的悲剧色彩：举例来说，他对于"焦虑"的理解是师承

---

① 参见：《现代》杂志介绍，创刊号，1945 年 10 月，后收录于《境况》卷二，伽里玛出版社，1948 年。

② 《存在主义者和政治》，M·A·比尔尼埃著，伽里玛出版社，1966 年。

③ 《现代》第 9 期和第 10 期，1946 年 6 月和 7 月，后收录于《境况》卷三，伽里玛出版社，1949 年。

④ 萨特关于"自由"的新颖论调衍生出了"介入社会"和"责任"这两点，人们隐约认为这是伦理学，萨特承诺会在下一部著作中进行专门的论述（参见：《存在与虚无》，第四部分和结尾）。

克尔恺郭尔和海德格尔，经过他的再创造后，在他关于本体论的论文中占有中心地位，而现在则被他简化成军官在送部队上前线的时候所表现出的道德上的焦虑。萨特希望借此能够普及他的理论，并且和共产主义者握手言和，但这种努力最终是竹篮打水一场空：马克思主义者的态度没有软化。

可是，误解真的存在吗？对此应持保留态度，如果我们曾留意到皮埃尔·莱维①在会后交流中说过这样的话："我暂且不提所有和哲学技术有关的问题……"如果对话者拒不谈论哲学，却又要质疑哲学家的理论，那么对于哲学家本人而言，这样的谈话是很难进行下去的！ 在莱维主编的杂志上，他写了一篇文章，对这次模棱两可的讨论颇感得意："皮埃尔·莱维进行了反驳……庆幸的是，在萨特这次紧凑的论述中，我们能够清晰地分辨出马克思主义和存在主义，以及所有哲学思想之间的差别（……）"②萨特的存在主义在年轻人中赢得了反响，如

---

① 皮埃尔·莱维(1904—1993)，记者、社会学家、超现实主义作家，共产主义激进分子。1942年因支持托洛茨基理论而被开除出法国共产党。1929年至1939年间，托洛茨基主义运动的领导人。1945年，创办《国际期刊》杂志，向共产党靠拢。提及那段时期，纳维尔的朋友莫里斯·纳多回忆说："对于我们这些拥有不止一个头衔的幸存者，同时也是托派幸存者而言，应该重新思考现在的境况，而指引我们道路的指南针，就是马克思主义。"参见： 《感谢他们》，阿尔班·米歇尔出版社，1990年。

② 《国际期刊》第4期，1946年4月。原文编者强调。"当代的马克思主义者无法摒弃自我：当他们可以面对恶言恶语时，却选择了拒绝(出于恐惧、憎恨或懒惰)。这种自相矛盾的态度禁锢住了他们……"萨特因此认为和马克思主义者缺乏沟通。参见： 《方法论若干问题》，收录于《辩证理性批判》新版，卷一，伽里玛出版社，1985年。

果必须要反对它，那并不是为了打击其中的某个观点，而是因为它有可能在思想界传播混乱和犹疑。罗杰·加罗迪对萨特说："您妨碍了人们归顺我们。"爱尔莎·特丽奥莱说："您是哲学家，自然是反马克思主义者。"既然共产主义理论家认为讨论马克思主义就会动摇激进分子战斗时的坚定意志（实则没有必要，因为马克思主义囊括了所有可以改变世界的真理），那他自然不会懂得什么是哲学推导精神。萨特在1948年重申了这种精神的价值："向往真理，存在胜于一切，即使是处于可悲的境地中，仅仅是因为存在。"[①]此后，他又提出了对于"人"的构想并在自己的传记随笔中不断完善，以此来说明，对于马克思主义而言，存在主义并不是画蛇添足之举。[②]

总而言之，不出意外的是，萨特很快就后悔了，他觉得不应该出版《存在主义是一种人道主义》。很多人读了这份演讲稿，认为它完全可以作为《存在与虚无》的引言，但事实并非如此：演讲虽条理清晰，却是掐头去尾、自相矛盾，萨特在那年就深受其扰；他热切地希望站在共产主义者这边，参与到公共生活中去。在战后的第一年，共产主义者承载了数以万计民众的希望，那时的社会似乎即将迎来彻底的变革；但他的选择不是以哲学为根据的。有些马克思主义者甚至还没看过他的书

---

① 引自《真相与存在》，去世后出版，伽里玛出版社，1989年。
② 参见：《方法论若干问题》。

就对他展开了恶意的攻击，说他没有严肃地研究过马克思。萨特才刚刚开始反思"人"的社会范畴和历史范畴——再说了，现象本相学真的是用来思考人类群体的良器吗？"在哲学中存在一个关键因素，那就是时间。"萨特在《方法论若干问题》中写道，"撰写一本理论著作需要付出很多。"那年的他时运不济。

《存在主义是一种人道主义》是一部应景之作，不过只要稍稍涉猎过萨特的文学或哲学作品，就能觉察到这本书标志着他知识分子生涯的第一次转变，尽管模糊混沌，却在他内心深处引发了激烈的冲突。新一轮的哲学研究即将展开。那些质疑他著作的声音，或似是而非，或咄咄逼人，他曾试图在演讲中一一回复，同时引发了他新的思考。而这些问题则留待《辩证理性批判》来解决，那时候的他已经经历过了一次不受约束的成熟蜕变，这在他去世后出版的著作中可以得到证实。

阿尔莱特·阿尔坎—萨特
（Arlette Elkaïm-Sartre）

（黄雅琴　译）

译者序一

萨特，一位"处于左派与右派的交叉火力之下"的哲学家

让-保罗·萨特（Jean-Paul Sartre, 1905—1980）作为法国当代存在主义哲学家、思想家、文学家、戏剧家和社会活动家，他的思想、学说、著述以至他的社会活动，对法国甚至对整个西方战后一代曾发生过广泛而深刻的影响。

萨特一生著作丰赡，作为存在主义哲学家，著有《想象力》、《自我的超越》（1936年）、《想象的现象心理学》、《存在与虚无》（1943年）、《唯物主义与革命》、《存在主义是一种人道主义》（1946年）以及《辩证理性批判》（第一卷，1960年）等专著。作为一位作家则发表了大量作品，如著名的中篇小说《恶心》（亦译《厌恶》，1938年）、短篇集《墙》、长篇小说

《自由之路》（三卷）、自传《文字》以及剧本《苍蝇》、《禁闭》、《死无葬身之地》、《可尊敬的妓女》、《肮脏的手》、《魔鬼与上帝》、《涅克拉索夫》等。此外还有不少政论及文艺论文、传记，如《反犹太主义者和犹太人》、《什么是文学》和《福楼拜》等。

萨特不是书斋里的哲学家，他提倡"介入"现实，经常对重大事件作出表态，并将他的文学创作称为"介入文学"。第二次世界大战期间，他因抗击德国法西斯而被俘，获释后，即投身于"把德国人赶出法国"的运动。从此他更以自己的行动介入社会的、政治的斗争，创办了《现代》、《人民事业》杂志并参加左翼革命运动。50年代他反对美国的侵朝战争，先后访问苏联和中国，发表了热情赞美的观点，而由于苏军干涉匈牙利事件，他又反对斯大林。60年代，他反对法国对阿尔及利亚的殖民战争，抨击美国的侵越战争，同样也谴责苏军入侵捷克斯洛伐克，并且支持法国工人罢工和学生运动。70年代他又为苏军侵入阿富汗而公开表示深深的失望。他自称是马克思主义者，是共产党的同路人，但又经常与共产党人争论。他抨击右派，但同时也激烈地批评左派。他名正言顺地被称为"处于左派与右派的交叉火力之下"的人物。

萨特通过他的哲学论著和文学作品宣扬他的存在主义思想。他不同于雅斯贝斯和加布里埃尔·马塞尔，是无神论存在主义者。他提出"存在先于本质",或者按照海德格尔的提法,"人的实在(human reality)"先于本质。人,"在把自己投向未来之前,什么都不存在"。他在《存在主义是一种人道主义》中扼要地阐述说,人必须为自己的存在和自己的一切行为"承担责任"。懦夫与英雄并非天生:在于"自我选择"。"人是自由的",因为没有上帝,只是孤零零一个人,别无依恃,但他的自由选择摆脱不掉他处在"一个有组织的处境之中"的限制,因此一旦作出抉择,他必须为此承担责任,也使他人承担责任。人,"必须始终在自身之外寻求一个解放自己的或者体现特殊理想的目标,才能体现自己真正是人"。"人类需要的是重新找到自己。"萨特的这种他自称是"人道主义"的存在主义思想,在法国以至欧洲,对于经历了空前酷烈的第二次世界大战的人们,特别是那些在这次大浩劫、大动乱中心灵和肉体都受到巨大震撼和伤痛,正陷于迷惘彷徨,企图寻找解脱和出路的知识分子中间,具有强烈的吸引力。

1980 年 4 月 15 日,萨特在巴黎逝世。4 月 19 日,根据死者生前的意愿,遗体火化后送往蒙帕纳斯公墓安葬时,一支"由知识分子、青年、政界知名人士、演员和普通平民组成的五万名未经组织的群众队伍"自发地护送骨灰直至公墓,这生动地表现了人们对这位杰出的哲学家、文学家和社会活动家的尊敬和哀悼①。

　　这里收入的两篇萨特阐述他的哲学思想的文章：《存在主义是一种人道主义》和《今天的希望》，前一篇曾于 1980 年为了纪念这位哲学家的逝世，由周煦良教授译出，发表在上海《外国文艺》同年第五期上；后一篇是萨特生前最后一次阐述他的哲学思想的谈话录。

　　《存在主义是一种人道主义》发表于 1946 年。正如作者开宗明义指出的，这篇论文的目的，"是针对几种对存在主义的责难为它进行辩护"，因而是简扼地进一步阐明他的存在主义学说的一篇重要文章，无疑也是研究萨特的哲学思想的重要材料。译者周煦良教授是诗人、文学翻译家，不幸已于 1985 年去世。他早年在英国爱丁堡大学专攻哲学并获硕士学位，对现代西方哲学原是里手，因此译文收入本书时，保留了他对原作大意所作的综述和评论的译者前记以作纪念，并供读者研究

① 1986 年 4 月 14 日，法国另一位著名存在主义作家、社会活动家、萨特的终身伴侣西蒙娜·德·波伏瓦(Simone de Beauvoir, 1908—1986 年)去世，法国共产党总书记乔治·马歇在悼词中说："作为小说家、哲学家、散文家，西蒙娜·德·波伏瓦和让-保罗·萨特一起在解放前后几年的文化动荡中起到了重要作用。以后，她继续在知识界留下了自己的印迹。波伏瓦并没有分享共产党的观点，她与我们的争论，如同她与别人的一切争论一样，都是寸步不让的。但我们忘不了，在许多场合，她善于使人们理解她，并站在我们一边行动。我谨以我个人的名义，并以全体共产党人的名义，对这位长期来体现了进步思想的女性表示敬意。"(引自《外国文学动态》1987 年第 1 期，中国社会科学院外文所编)——译者

参考。

《今天的希望》是萨特与本尼·莱维(Benny Lévy)的对话录，曾分为三个部分发表在法国《新观察家》(Le Nouveau Observateur)1980 年 3 月号上。现据美国"激进思想季刊"《特洛斯》(Telos)1980 年夏季号的英文本译出。对话录中的发问者本尼·莱维长年化名皮埃尔·维克多(Pierre Victor)，是法国无产阶级左派和青年马克思主义者的一位领导人，也是萨特晚年的坚定伙伴。在《今天的希望》的开端，萨特认为，与一般人所了解的相反，他并不意识到自己是悲观、绝望的哲学家，他认为"希望是人的一部分"，在人类的"行动方式中始终有希望在"，说在他的《存在与虚无》以后的著作中"再也找不到这种绝望了"，"我从未认真考虑过绝望可能作为一种属于我的品质"。但他在这次对话的结尾也承认，他一生中确有两次受到"绝望的诱惑"：一次是在法国战败后被德国占领期间，另一次是 1975 年苏军入侵阿富汗的时候。然而他说终将"在希望之中死去"，深信当今"可怕的世界"在"漫长的历史演变中只是短暂的一瞬"，而希望始终是鼓舞"革命和起义的支配力量之一"，也是他"对未来的概念"，因为"人们必须相信进步"。萨特对当前的左派、激进主义及其政党的评价，几乎一概持批判甚至否定的态度，显得偏激而专断，尽管他指的是欧洲的，特别是法国的左派及其政党。他阐述革命暴力的意义并明确表白他作为一个法国人而坚决支持阿尔及利亚人民对法国殖民主义者采取的武装斗争的立场（他因此与另一位法国存在主义作家加缪决裂）。萨特在对话中也阐述了他对革命、民主、选举等社会政治问题的观点。在对话的其余部分中可以看出，在他垂暮之年自知不久人世之际，他关注的仍旧是人、道德、人道主义以及对人的遥远未来的期望。其中有对他过去所持观点的改变或修正，也有进一步的阐发。如他对早年关于意识是道德的，自由是它所具有的价值的惟一源泉这类提法的扬弃，而认为意识都有一个"义务的向度"，而且总有一种企图"超越实在"的要求把人的行动变成一种"内在的强制力"，而这就是道德的开始。道德，应该基于"禁止人们利用人作为达到一个目的的东西或者工具的原则之上"。如他对人道主义，从30年代称人道主义为"胡说"，到40年代阐述存在主义即是一种人道主义，到这次谈话时则反复申述：当"人是什么还没有得到确定"，我们都不是"完整的人"；而当"在努力斗争以期达到人的关系和人的定义的存在（being）"的时候，人道主义是没有意义的；此时此刻我们只是"把人道主义视作我们身上优秀品质的经验，视作跳出我们自身而进入人——从我们的善良行动可以想见的人——的圈子的一种努力来实现"，只有等到人恢复人与人之间的"原始关系"即"兄弟关系"，等到"人真实地、完全地存在"的时候，"他和同时代人的关系以及他独自存在的方式"才可以称作"人道主义的目的"。萨特在这里提出的"使每个人（person）成为人（man）"、成为"完整的人"等等，在遥瞩人类的未来这个问题上，他似乎试图与马克思所预计的"人最终将成为真正全面的人"殊途同归。

几乎同很多卓越的思想家、作家一样，萨特的思想体系颇为复杂而且充满了矛盾。他提出的"存在先于本质"的命题，他孜孜于探究人的存在与行动的方式及其意义，他关注人在现实社会中的处境以及人最终如何臻于完善的未来前景等等，这些涉及物质世界和人的意识的学说，毫无疑问，是属于唯心主义的、主观主义的性质的，尽管他针对这种"责难"专门撰写了论文企图为之辩护。但是另一方面，无疑也应该看到，萨特的存在主义学说绝非"丑恶"或邪恶的代名词，像本书第一篇文章中作者引述的那位"容易神经紧张"的资产阶级太太那样，用来掩饰她的粗鲁失态的一个遁辞。存在主义哲学思想在战后法国甚至西方那些精神陷于"瓦解状态"的知识分子中间，不仅一度是具有相当深刻而广泛影响的思潮，而且随之出现一批着力描绘或揭示人在阴暗、荒诞的周围世界中无以自拔、无能为力的处境、意在使人震醒的存在主义文学。存在主义哲学，特别是一些西方有存在主义倾向的文学作品，70年代末在我国开始有所介绍。但由于萨特的主要哲学著作如《存在与虚无》、《辩证理性批判》，以及大量阐述其思想发展演变的政论、文论等尚未系统翻译介绍，国内有读者为了解萨特的存在主义思想体系，不得不求助于第二手资料，甚至从存在主义文学所描绘的人物、情节中悬想臆测，"想当然耳"，以为存在主义即宣扬悲观失望、自我中心、强调个人的自由选择等等。总之，说明人们对萨特的存在主义哲学表示关注，而由于未能窥见全豹对其思想体系则不甚了了。

　　萨特的哲学不是"悲观"的哲学。他认为他的学说是"乐观"的、"行动"的学说。他曾公然声称要"超越马克思主义"，而且对马克思主义的某些命题进行错误的非议或指责，但他最后又明确宣告"未来属于马克思主义"，直至临终仍称自己是"马克思主义者"。他也称自己是无政府主义者。在最后的对话录中，他谈到："我们的目的是要达到一个真正的选定的机构，在那里每个人（person）都将成为人（man），其中所有的集合体（collectivities）都同样富于人性。"但是他没有进一步阐述那是一个什么样子的"真正选定的机构"。但从萨特数十年的理论与实践看，在西方文化思想界中他是一个富于正义感而且热情洋溢的进步的思想家、文学家和社会活动家，这点则是无容置疑的。他一生探索的关于人的哲学，具有浓厚的唯心主义的性质，即使在法国也曾引起过激烈的论争，但是萨特的哲学和他的名字已经载入20世纪西方哲学的史册，这也是无疑的。

汤永宽

译者序二

1980 年 4 月 15 日，法国当代杰出的文学家、思想家和政治活动家让-保罗·萨特逝世了。他是继罗曼·罗兰和法朗士之后 20 世纪法兰西文坛的巨星；他的名字将永远载入法国文学的史册，这是没有疑义的。我们在电视里看见巴黎千千万万群众给他送葬的镜头，不禁感到心潮澎湃：是什么使他这样深深受到法国广大群众的爱戴？他的文学？他的哲学？还是他的一系列正义的言论和行动？回答是这一切都包括在内。但是就萨特来说，理解他的哲学思想恐怕要比了解别的文学家时更为重要。我们在这里选译了他的《存在主义是一种人道主义》（1946年）一文，就是为了这个目的。他早年本来是研究哲学的，后来以官费留学德国，受到德国哲学家海德格尔和胡塞尔学说的影响，所以形成一种存在主义哲学思想体系；其影响所及，比他的先行者还要大。

萨特自称他的存在主义是一种无神论的存在主义，这就是说，他既否定了上帝造人的神话，又否定了先天的性善论和性恶论。在他说来，先是有人，然后通过人的自由选择的行动，人才成为他那样的好人或者恶人。英雄或者懦夫都不是天生的，而是通过人的主动选择使他成为英雄或者懦夫。这就是存在先于本质的基本论点。由于人的行为出于自由选择，所以要承担责任，不但对行为的后果负责，而且对自己成为怎样的人也要承担责任。正因为如此，所以它是一种人道主义，即把人当作人，不当作物，是恢复人的尊严。这些道理在西方道德哲学关于自由意志的论争中，本来是常见的，因为除非我们承认人有选择自由，并对其行为负责，我们就无法对作恶者进行报复性惩罚，而只能像功利主义者(和一切机械唯物论者)那样，说惩罚只是防止别人效尤。但是受惩者可以回答功利主义者说，既然我本身不应受到惩罚，惩罚我又为着何来？若你为防止别人效尤而惩罚我，则你岂不是把我当作手段、当作东西、当作物看待，我何罪之有，而应得到如此惩罚？这些反问是功利主义者无法回答的。

但是存在主义者并不到此为止，他们还进一步说，人在为自己作出选择时，也为所有的人作出选择。换言之，人在自由行动时，他就是为所有的人作出示范；人在模铸自己的形象时，这就意味着这个形象对所有的人，以及我们所处的时代，都是适用的。"我们的责任要比先前设想的大得多，因为它牵涉到整个人类。"这样无限度地扩大行为的后果，也就无限度地加重了行动者的责任；所以萨特说，行动者只能依靠和他的行动有密切关系的可能性作出决定。但是他只能尽力而为，因为对现实太没有把握了。现实不仅包括物，更包括人；每一个人代表一个"主观性"，人就是处在一个"主观性林立"的世界里，然而要决定自己是什么，和别人是什么。可是萨特又说："存在主义者从不把人当作目的，因为人仍旧在形成中。"所以他反对孔德的那种以人类为崇拜对象的人道主义，认为最后会导致法西斯主义。

萨特把人的主观能动性强调到这种地步，是不是完全无视有所谓客观规律呢？也不。但是他在本文中只是轻轻带过。他承认有"生存在世界上所少不了的限制"，如劳动，而人的意图就是超过或扩大这些限制，不然就是否定或适应这些限制。所谓限制，就包含有客观规律在内。但是存在主义的核心思想则是自由承担责任的绝对性；人发现自己处在一个有组织的处境中，他没法避免选择，他不选择也等于作出选择。所以它是一种行动的哲学，是入世哲学，而不是出世哲学；即使不能有力地树立一种"天下兴亡，匹夫有责"的人生观，至少可以使"顽夫廉，懦夫有立志"，而这种哲学在经受过法西斯铁蹄蹂躏、精神状态处于瓦解状态的欧洲，是有其一定的吸引力的。

以上是综述本文的大意，并就其本身略作评述，以供读者研究萨特全部存在主义哲学的内容及其在文学上的表现作参考。

周煦良

目　录

存在主义是一种人道主义

本文的目的是针对几种对存在主义的责难进行辩护。

首先，存在主义曾被指责为鼓励人们对人生采取无所作为的绝望态度。因为解决的途径既然全部堵塞了，人们必然会认为任何行动都是完全无用的，而最终接受一种观望哲学。再者，由于观望是一种奢侈品，所以它只是另一种资产阶级哲学。共产党人特别指责这一点。

我们受到的另一方面责难是，我们强调了人类处境的阴暗一面，描绘卑鄙、肮脏、下流的事情，而忽视某些具有魅力和美并属于人性光明一面的事情：例如，在天主教批评家梅昔埃小姐看来，我们就忘掉了婴儿是怎样笑的。不论从左的方面或者右的方面，我们都被指责为抹杀了人类的一致性，而孤立地看待人类。其所以如此，共产党人说，是因为我们的理论是建立在纯粹主观性上——建立在笛卡儿的"我思"①上;这就是孤立的人找到自己的时刻;在这样的处境,人是无法同存在于自我之外的他人取得一致的。这个我是无法通过我思接触到人的。

基督教方面则责备我们否认人类事业的真实性和严肃性。因为既然我们不承认上帝立下的那些戒条和一切规定的永恒价值,那么剩下来的就只有自愿行动可言了。谁喜欢怎样做就可以怎样做,而且根据这种观点,我们将无法申斥任何人的观点或者行动。

今天我就是准备答复这些责难;也是为了这个缘故,我把这篇短文称为"存在主义是一种人道主义"。不少人看见我在这个问题上提到人道主义也许感到诧异,但是我们将试着说明我们是怎样理解人道主义的。不管怎样,我们首先可以这样说,存在主义,根据我们对这个名词的理解,是一种使人生成为可能的学说;这种学说还肯定任何真理和任何行动既包含客观环境,又包含人的主观性在内。人家加给我们的主要罪名当然是指我们过分强调了人生的恶的一面。最近有人告诉我,说有一位太太只要在神经紧张的时刻嘴里滑出一句下流话,就为自己开脱说,"我敢说我成了个存在主义者了"。所以,看来丑恶和存在主义被视为同一回事了。这就是为什么有些人说我

① 16 世纪法国哲学家笛卡儿的名言:"我思故我在。"——译者

们是"自然主义者"的缘故，但是果真如此的话，他们这样对我们大惊小怪又为着何来，因为目前人们对所谓真正的自然主义好像并不怎样害怕或者引以为耻。有些人完全吃得下一本左拉的小说，例如《大地》，然而一读到一本存在主义小说就感到恶心。有些人把希望寄托在人类的智慧上——那是一种悲惨的智慧——但是发现我们的智慧更加悲惨。然而还有什么比"施舍先及亲友"[①]，或"提拔一个坏蛋，他要控诉你赔偿损失；打倒他，他反而奉承你"这类的格言更加使人丧气的呢？我们全都知道有许许多多类似这样的格言；它们全都是一个意思——就是对当权者切不可以反对；决不要反抗当权派；要安分，不要以下犯上。再不然就是这样：任何不符合某些传统的行为只是浪漫主义；或者任何没有为成功经验所证实的行为必然招致挫折，而且由于经验证明人类毫无例外地都倾向于作恶，因此一定要有严厉的法规来约束他们，否则的话，就会出现无政府主义。然而，就是这些人嘴里一直讲着这些丧气的格言，而且一听见人们谈到某些相当令人可恨的行为时，就说"人性都是一样的"——恰恰就是这些嘴里一直唠叨着现实主义的人，偏要埋怨存在主义对事物的看法太阴暗了。说实在话，他们的过分责难使我不得不怀疑，使他们恼火的很可能不是我们的悲观主义，而是我们的乐观主义。因为归根到底，我

---

① 以此作为不肯施舍的借口。——译者

即将试图向你们阐明的这门学说，其所以令人感到恐慌——可不是吗——就是它为人类打开了选择的可能性。为了证明这一点，让我们把整个问题按照严格的哲学标准来论述一下。那么，我们谈论的这个存在主义究竟是什么呢？

多数使用这个名词的人，要他解释存在主义是什么意思时，都会弄得糊里糊涂。因为自从存在主义变得时髦以来，人们常常欣然宣称这个音乐家或那个画家是"存在主义者"。《光明》杂志的一位专栏作家就自己署名为"存在主义者"；的确，这个名词目前被人们随便用来指许许多多事情，几乎弄得毫无意义可言了。看来，所有那些急切想在晚近最招摇的事情或者运动中插一手的人，由于缺乏诸如超现实主义之类的新奇学说，就抓着这个哲学不放了，但是从这里面他们是找不到合意的东西的。因为，说实在话，在所有的教导中，这是最不招摇，最最严肃的：它完全是为专业人员和哲学家们提出的。尽管如此，它还是很容易讲清楚。

问题之所以变得复杂，是因为有两种存在主义。一方面是基督教的存在主义，这些人里面可以举雅斯贝斯①和加布里埃尔·马塞尔，两个人都自称是天主教徒；另一方面是存在主义的无神论者，这些人里面得包括海德格尔②以及法国的那些存

---

① 雅斯贝斯(Karl Jaspers, 1883—1969)，德国哲学家，精神病学家。——译者
② 海德格尔(Martin Heidegger, 1889—1976)，德国哲学家。——译者

在主义者和我。他们的共同点只是认为存在先于本质——或者不妨说，哲学必须从主观开始。这话究竟是什么意思呢？

试拿一件工艺品——例如一本书或者一把裁纸刀①——来说，它是一个对此已有一个概念的匠人制造的；他对裁纸刀的概念，以及制造裁纸刀的此前已有的工艺（这也是概念的一部分，说到底，即一个公式）同样已心中有数。因此裁纸刀既是一件可以按照固定方式制造出来的物件，又是一个达到某一固定目的的东西，因为人们无法想象一个人会制造一把裁纸刀而不知道它派什么用场。所以我们说，裁纸刀的本质，也就是使它的制作和定义成为可能的许多公式和质地的总和，先于它的存在。这个样式的裁纸刀或者书籍就是靠这样在我眼前出现的。我们这样说是从技术角度来看世界，而且我们可以说制作先于存在。

当我们想到上帝是造物主时，我们在大部分时间里都把他想象为一个超凡的工匠。我们考虑哲学问题时，不管是笛卡儿那样的学说，或者莱布尼茨的学说，多少总含有这样的意思，就是意志跟在理性后面，至多是随理性一同出现，所以当上帝创造时，他完全明白自己在创造什么。由于这个缘故，人的概念在上帝的脑子里就和裁纸刀的概念在工匠的脑子里相似：上帝按照一定程序和一种概念造人，完全像工匠按照定义和公式

---

① 一种骨制或象牙制的钝口刀，用以拆信或裁书页。——译者

制造裁纸刀一样。所以每一个人都是藏在神圣理性中的某种概念的体现。在18世纪的无神论哲学里，上帝的观念被禁止了，但是尽管如此，本质先于存在的思想仍然没有消失；这种思想到处都碰得见，在狄德罗的著作里，在伏尔泰的著作里，甚至在康德的著作里。人具有一种人性；这种"人性"，也即人的概念，是人身上都有的，它意味着每一个人都是这个普遍概念——人的概念——的特殊例子。在康德的哲学里，这种普遍性被推向极端，以至森林中的野人、处于原始状态的人和资产阶级全都包括在同一定义里，并且具有同样的基本特征。在这里，人的本质又一次先于我们在经验中看见的人在历史上的出现。①

　　无神论存在主义——我也是其代表人之一——则比较能自圆其说，它宣称如果上帝并不存在，那么至少总有一个东西先于其本质就已经存在了；先要有这个东西的存在，然后才能用什么概念来说明它。这个东西就是人，或者按照海德格尔的说法，人的实在(human reality)。我们说存在先于本质的意思指什么呢？意思就是说首先有人，人碰上自己，在世界上涌现出来——然后才给自己下定义。如果人在存在主义者眼中是不能下定义的，那是因为在一开头人是什么都说不上的。他所以说

────────────

① 原文直译为"先于人的历史性存在"，其真实意义即是根据进化论从猿到人来的。——译者

得上是往后的事，那时候他就会是他认为的那种人了。所以，人性是没有的，因为没有上帝提供一个人的概念。人就是人。这不仅说他是自己认为的那样，而且也是他愿意成为的那样——是他（从无到有）从不存在到存在之后愿意成为的那样。人除了自己认为的那样以外，什么都不是。这就是存在主义的第一原则。而且这也就是人们称作它的"主观性"所在，他们用主观性这个字眼是为了责难我们。但是我们讲主观性的意思除了说人比一块石头或者一张桌子具有更大的尊严外，还能指什么呢？我们的意思是说，人首先是存在——人在谈得上别的一切之前，首先是一个把自己推向未来的东西，并且感觉到自己在这样做。人确实是一个拥有主观生命的规划，而不是一种苔藓或者一种真菌，或者一棵花椰菜。在把自己投向未来之前，什么都不存在；连理性的天堂里也没有他；人只是在企图成为什么时才取得存在。可并不是他想要成为的那样。因为我们一般理解的"想要"或者"意图"，往往是在我们使自己成为现在这样时所作的自觉决定。我可以想参加一次宴会，写一本书，或者结婚——但是碰到这种情形时，一般称为"我的意志"的，很可能体现了一个先前的而且更为自发的决定。不过，如果存在真是先于本质的话，人就要对自己是怎样的人负责。所以存在主义的第一个后果是使人人明白自己的本来面目，并且把自己存在的责任完全由自己担负起来。还有，当我们说人对自己负责时，我们并不是指他仅仅对自己的个性负责，而是对所有的人负责。"主观主义"这个词有双重意义，而我们的论敌只在其中一个意义上做文章。主观主义一方面指个人的自由，另一方面也指人越不出人的主观性。这后一层意义在存在主义哲学里是比较深奥的。当我们说人自己作选择时，我们的确指我们每一个人必须亲自作出选择；但是我们这样说也意味着，人在为自己作出选择时，也为所有的人作出选择。因为实际上，人为了把自己造成他愿意成为的那种人而可能采取的一切行动中，没有一个行动不是同时在创造一个他认为自己应当如此的人的形象。在这一形象或那一形象之间作出选择的同时，他也就肯定了所选择的形象的价值，因为我们不能选择更坏的；我们选择的总是更好的，而且对我们说来，如果不是对大家都是更好的，那还有什么是更好的呢？再者，如果存在先于本质，而且在模铸自己形象的同时我们要存在下去，那么这个形象就是对所有的人以及我们所处的整个时代都是适用的。我们的责任因此要比先前设想的重大得多，因为它牵涉到整个人类。举例说，如果我是个工人，我可以决定参加一个基督教的工会，而不参加共产党的工会。而如果我以一个会员的资格，宣称安分守己毕竟是最好的处世之道，因为人的王国不是在这个世界上，这就不仅仅是我一个人承担责任[①]的

[①] 承担责任（Commit, Commitment）是存在主义哲学专门用的名词；在某些情况下，用我们现在常用的新词"表态"来译倒比较容易理解，但在哲学文章中，这类名词还是统一译名为好。——译者

问题。我要人人都安分守己，因此我的行动是代表全人类承担责任。再举一个比较属于个人的例子，我决定结婚并且生儿育女；尽管这一决定只是根据我的处境、我的情感或者欲望作出的，但这一来却不仅为我自己承担责任，而且号召全人类奉行一夫一妻制。所以我这样既对自己负责，也对所有的人负责；我在创造一种我希望人人都如此的人的形象。在模铸自己时，我模铸了人。

这就使我们能够理解诸如痛苦、听任、绝望——也许有点夸大了的——这一类名词。下面你们就会看到，这原是很简单的。首先，我们说痛苦是什么意思呢？存在主义者坦然说人是痛苦的。他的意思是这样——当一个人对一件事情承担责任时，他完全意识到不但为自己的将来作了抉择，而且通过这一行动同时成了为全人类作出抉择的立法者——在这样一个时刻，人是无法摆脱那种整个的和重大的责任感的。诚然，有许多人并不表现有这种内疚。但是我们肯定他们只是掩盖或者逃避这种痛苦。的确，许多人认为他们的所作所为仅仅牵涉到他们本人，不关别人的事。而如果你问他们："若是人人都这样做，那怎么办？"他们将耸耸肩膀，并且回答说："并不是人人都这样做。"但是说实话，一个人应当永远扪心自问，如果人人都照你这样去做，那将是什么情形；而且除了靠自我欺骗外，是无法逃避这种于心不安的心情的。那个说"并不是人人都这样做"从而为自己开脱的说谎者，在良心上一定很不好受，原因是他的这一说谎行为无形中就肯定了它所否定的事情的普遍价值。他的痛苦恰恰是欲盖弥彰。这种痛苦就是克尔恺郭尔[①]叫做的"亚伯拉罕的痛苦"。你知道这故事吗？一个天使命令亚伯拉罕牺牲他的儿子：如果现身的真正是个天使并且说，"你，亚伯拉罕，应当牺牲你的儿子"，那当然非遵守不可。但是任何人碰到这种情形都会盘算，第一，是不是真正的天使；第二，我是不是真正的亚伯拉罕。证据在哪里呢？一个为幻觉所苦的疯女人说有人打电话给她，并对她发命令。医生问她："跟你说话的是谁？"她回答："他说是上帝。"的确，有什么能向她证明是上帝呢？如果一个天使出现在我面前，有什么证据表明它是天使呢？再说，如果我听见声音，谁能够证明它是来自天堂，还是来自地狱，还是来自我自己的潜意识，还是某种病态引起的呢？谁能够证明这些声音确是对我说的呢？

那么谁能够证明我有资格，根据我自己的选择，把我关于人的概念强行加给人类呢？我将永远找不到任何证据，没有任何迹象会使我相信是如此。如果有个声音向我说话，它是否天使的声音还得由我自己来决定。如果我认为某一行动是好的，只有我有资格说它是好的而不是坏的。没有什么证据表明我是

---

① 克尔恺郭尔（Sören Aabye Kierkegaard, 1813—1855），丹麦哲学家、神学家。——译者

亚伯拉罕：虽说如此，我仍旧时时刻刻在行动上作出示范。不管什么人，也不管碰上什么事情，总好像全人类的眼睛都落在他的行动上，并且按照这种情况约束他的行动。所以任何人都应该说："难道我真有这样的资格吗，使我的所作所为能成为人类的表率？"如果有人不这样问，他就是掩饰自己的痛苦。显然，我们在这里谈的痛苦是不会导致无所作为的。它是一种很单纯的痛苦，是所有那些承担过责任的人全都熟悉的那种痛苦。例如，一个军事领袖负责组织进攻，并使若干士兵送掉性命；在这样做时，他是作了选择的，而且压根儿是他一人作出选择。当然，他是执行上级的命令，但是上级的命令比较笼统，要他自己来领会，而十个人或者十四个人或者二十个人的生命就系在他的领会上。在作出这项决定时，他是没法不感到痛苦的。所有的领袖都懂得这种痛苦。它阻止不了他们采取行动；相反，它是他们行动的真正条件，因为这个行动先就假定有多种可能性，而选择其中之一时，他们懂得其价值只是由于被挑选上了。所以，存在主义形容的痛苦就是这种痛苦，而且下面我们将会看到，通过对别的有关人员负有直接责任这件事，存在主义使这种痛苦变得明确了。它根本不是一幅把我们与行动隔开的屏障，而是行动本身的一个条件。

而当我们谈到"听任"——这是海德格尔最爱用的字眼——时，我们的意思只是说上帝不存在，并且必须把上帝不存在的后果一直推衍到底。存在主义者强烈反对某种类型的世俗道德论，因为它企图花最少的气力将上帝压抑下去。在将近1880年时，法国有一批教授竭力想创立一种世俗的道德哲学；他们的话是这样说的："上帝是一个无用而且很花钱的假设，因此我们不需要他。"可是如果我们要有道德，要一个社会和一个遵守法律的世界，那就必须认真对待某些价值；这些价值必须赋予先天的存在。如人要诚实，不打谎语，不打老婆，抚养儿女，等等，都必须认为是先天的义务；因此在这个问题上，我们还得做一点工作，使我们能够指给人看，这些价值照样是存在的；当然上帝是没有的，但是这些价值仍然写在一个理性天堂上。换一句话说——而且我相信这是我们在法国叫做过激派的中心思想——上帝虽然不存在，但是一切照旧；我们将重新发现同样的诚实准则、进步准则、人道准则，而且我们将会把上帝作为一个过时的假设处理掉，让他不声不响地死掉。存在主义者则与此相反；他认为上帝不存在是一个极端尴尬的事情，因为随着上帝的消失，一切能在理性天堂内找到价值的可能性都消失了。任何先天的价值都不再存在了，原因是没有一个无限的和十全十美的心灵去思索它了。"善"是有的，人必须诚实，人不能说谎，这些事迹哪儿也看不见，因为我们现在是处在仅仅有人的阶段。陀思妥耶夫斯基有一次写道："如果上帝不存在，什么事情都将是容许的。"这对存在主义说来，就是起点。的确，如果上帝不存在，一切都是容许的，因此人就变得孤苦伶仃了，因为他不论在自己的内心里或者在自身以外，都找不到可以依靠的东西。他会随即发现他是找不到借口的。因为如果存在确是先于本质，人就永远不能参照一个已知的或特定的人性来解释自己的行动，换言之，决定论是没有的——人是自由的，人就是自由。另一方面，如果上帝不存在，也就没有人能够提供价值或者命令，使我们的行为合法化。这一来，我不论在过去或者未来，都不是处在一个有价值照耀的光明世界里，都找不到任何为自己辩解或者推卸责任的办法。我们只是孤零零一个人，无法自解。当我说人是被逼得自由的，我的意思就是这样。人的确是被逼处此的，因为人并没有创造自己，然而仍旧自由自在，并且从他被投进这个世界的那一刻起，就要对自己的一切行为负责。存在主义者不相信热情有什么力量。他从不把伟大的热情看作是一种毁灭性的洪流，能够像命运一样把人卷进一系列的行动，从而把这些行动归之于热情的推动。存在主义者也不相信人在地球上能找到什么天降的标志为他指明方向；因为他认为人对这些标志愿意怎样解释就怎样解释。他认为任何人，没有任何支持或者帮助，却逼得要随时随刻发明（invent）①人。正如庞杰（Ponge）在一篇精彩的文章中讲的，"人是人的未来"。这话说得完全

---

① 这也是作者故意用的字眼，只能直译，它的含义是在"创造"和"杜撰"之间，总之是强调从无到有。——译者

对。只不过，如果我们把这句话理解为未来是摊在天上的，认为上帝知道这个未来是什么，那就错了，因为这样一来，那就连未来都谈不上了。可是如果他这话的意思是说，不管人现在看上去是什么样子，他总有个未来要形成，总有个童贞①的未来在等待他——那么这话就说得对了。但是在目前，他却是无依无靠的。

为了使你更加理解"听任"这个说法的意思，让我举我的一个学生为例。他是在下述的情况下来找我的。他的父亲正和他的母亲吵架，而且打算当"法奸"②；他的哥哥在1940年德军大举进攻时阵亡，这个年轻人怀着一种相当天真但是崇高的感情，发誓要替哥哥报仇。他母亲单独和他住在一起，对他父亲的半卖国行径和长子的阵亡感到极端痛苦；她惟一的安慰就在这个年轻儿子身上。但是她儿子这时却面临着一个抉择，那就是或者去英国参加自由法国军队，或者和母亲在一起帮助她生活下去。他完全懂得母亲就是为他活着；他走掉——或者可能死掉——就会使她了无生趣。他也懂得，具体说来，而且实际上也是如此，他为了母亲所采取的任何行动，肯定会取得帮助他母亲活下去的效果，而他为了出走和从军所采取的任何行动将是一种非常没有把握的行动，说不定会像水消失在沙里一

---

① virgin，意为清白或未经染指，也可能卖弄文采，说有个处女在等待这里的"他"；译文试图照应其双关意义。——译者
② 指第二次世界大战时同占领法国的纳粹德军合作的人。——译者

样，毫无结果可言。比如说，要去英国他先得通过西班牙，并且得在一个西班牙的帐篷里无限期地等待下去；还有，在到达英国或者阿尔及尔之后，他说不定会被派在办公室里填填表格。因此，他发现自己面临着两种形态非常不同的行动：一种行动很具体，很直截了当，但是只为一个人着想；另一种行动的目标要远大得多，是为全国人民的，但是正因为如此，这个行动变得没有把握了——它说不定会中途夭折。与此同时，他也在两种道德之间踌躇莫决：一方面是同情，是对个人的忠诚；另一方面，忠诚的对象要广泛得多，但是其正确性也比较有争议。他得在这两者之间作出抉择。有什么能帮助他选择呢？没有。基督教的教义说：对人要慈善，要爱你的邻人，要为别人克制你自己，选择最艰苦的道路，等等。但是什么是最艰苦的道路？谁应当承受这种兄弟般的爱呢？是爱国者，还是那个母亲？哪一个目的比较有用呢？是参加整个社会斗争这个一般性的目的，还是帮助某一特定的人生活下去的具体目的？谁能够先天地回答这个问题？没有人。而且任何伦理学文献里也没有规定过。康德的伦理学说，永远不要把另一个人当作手段，而要当作目的。如果我和我母亲呆在一起，我就是把她当作一个目的，而不是当作一个手段；但是根据同样理由，那些为我战斗的人就有被我当作手段的危险；反过来也是一样，如果我去帮助那些战士，我将是把他们当作目的，而犯了把我母亲当作手段的危险。

如果价值是没有把握的，如果价值太抽象了，没法用它来决定我们目前所考虑的特殊的、具体的事情，那就只有倚仗本能一法了。这就是那个青年人试图做的。当我看见他时，他说："归根到底，起作用的还是情感，情感真正把我推向哪个方向，那就是我应当选择的道路。如果我觉得非常爱我的母亲，愿意为她牺牲一切——诸如报仇的意志，以及一切立功立业的渴望——那么我就同她呆在一起。如果相反地，我觉得对她的感情不够深，我就走。"但是人怎样估计感情的深浅呢？他对母亲的感情恰恰就是以他站在母亲这一边来衡量的。我可以说我爱我的某个朋友爱到可以为他牺牲，或者牺牲一笔钱的程度，但是除非我这样做了，否则我是无法证明我爱他到这样程度的。我可以说，"我爱我的母亲爱到同她呆在一起的程度"，但只有我真正同她呆在一起时才能这样说。我要估量这种感情的深浅，只有付诸行动，以行动来说明和肯定我的感情的深浅。但是如果我再援引这种感情来为我的行动辩护，那我就是卷进一种恶性循环。

　　再者，正如纪德[①]说得好，一种伪装的情感，一种真挚的情感，两者是很难区别的。决定爱自己母亲而同她呆在一起，和演一出喜剧其结果是同母亲呆在一起，这两者差不多是一样的。换句话说，情感是由人的行为形成的；所以我不能参照我

_____

① 纪德(André Gide, 1869—1951)，法国小说家。——译者

的情感来指导行动。而这就是说我既不能从内心里找到一个真正的行动冲力，也不能指望从什么伦理学里找到什么能帮助我行动的公式。你可以说那个青年至少还找上一位教授向他请教。但是如果你向人请教——例如向牧师请教——你已经选上那个牧师了；归根到底，你多多少少已经知道他将会给你什么忠告了。换句话说，在你选择一个人向他请教时，你作这项选择就已经承担责任了。如果你是个基督教徒，你会说，去请教一位牧师；但是牧师里面有法奸，有参加抵抗者，有等待时机者；你选择哪一个呢? 这个青年如果选择一个参加抵抗的牧师，或者选择一个法奸牧师，他事先就得决定他将会得到什么忠告。同样，在来找我之前，他也知道我将会给他什么忠告，而且我只有一个回答。你是自由的，所以你选择吧——这就是说，去发明吧。没有任何普遍的道德准则能指点你应当怎样做：世界上没有任何的天降标志。天主教徒会说："啊，可是标志是有的！"很好；但是尽管有，不管是什么情形，总还得我自己去理解这些标志。我坐监牢时，认识了一个相当有学问的人，他是耶稣会士。他参加耶稣会的经过是这样的：他一生中遭到一连串的沉重打击——幼年丧父，生活贫苦；一个宗教团体给他一笔助学金，这使他一直觉得自己是慈善事业的收容对象，由于这个缘故，有好几次对儿童的表扬和奖励都没有他的份；后来，大约在十八岁时，他遭到一次情场失意；最后，在二十二岁时——事情本来是无足轻重的，但却是他的最后希望——他在军事学院的考试上落第了。所以这个青年可以把自己看作是彻底失败：这是一个标志，但是这个标志说明了什么呢？他很可以变得愤世嫉俗或者绝望。但是他认为——这在他是很聪明的——这是一种标志，表明世俗的成就没他的份，他能够走的一条路，他能取得的成就是在宗教方面、神职方面、信仰方面。他把自己的经历看作是上帝的启示，所以加入了耶稣会。他这样看待自己的遭遇，把它看成是上帝启示的标志，谁都会认为这是他的理解，而且是他个人的理解。人们可以从这一系列的厄运得出完全不同的结论——比如，他还是去当木匠，或者参加革命的好。不过，就解释标志这一点来说，他是承担全部责任的。这就是"听任"的涵义，即决定我们存在的是我们自己。而随同这种听任俱来的就是痛苦。

至于"绝望"，这个名词的意思是极其简单的。它只是指，我们只能把自己所有的依靠限制在自己意志的范围之内，或者在我们的行为行得通的许多可能性之内。一个人不论指望什么，这种可能性的因素总是存在的。如果我指望一个朋友会来看我，他可以坐火车来，也可以坐电车来，我总预计火车将准时到达，或者电车不会出轨。我这就是处在可能性的范围里；但是我并不依靠那些与我的行动没有密切关系的可能性。超过这个限制，那些被认为不再影响我的行动的可能性，我就应当不再有兴趣。因为没有一个上帝或者什么先天的规划能使世界和它所有的可能性去适应我的意志。当笛卡儿说"征服你自己，而不要征服世界"，他基本上也是这个意思——即我们不应当怀着希望行动。

我跟马克思主义者谈到这一点时，他们曾经回答说："你的行动显然是以你的死亡为限的；但是你可以倚仗别人的帮助。这就是说，你既可以指望别人在别处的所作所为，如在中国和俄国，给你帮助；也可以指望他们以后的所作所为，即在你死后，继承你的事业继续前进，直到最后实现，也即革命的胜利。不仅如此，你必须依靠这一点；不这样做是不道德的。"对于这番话，我的反驳是，第一，我在斗争中将永远依赖我的战友，只要他们和我一样对一个具体的共同主张承担责任；并且依赖党或者我能够多多少少控制的集体的团结——这就是说，依赖那个我报名参加战斗并且随时知道其动向的党。在这方面，依赖党的团结和党的意志完全像依赖火车将准时到达和电车不会出轨一样。但是我不能够依赖我不认识的人，我不能把我的信心建立在人类的善良或者人对社会改善的兴趣上，因为人是自由的，而且没有什么人性可以认为是基本的。我不知道俄国革命将会导致什么结果。今天，无产阶级在俄国起的作用是它在任何别的国家都没有能达到的；只要这样，我可以钦佩它，并且认为它是个好的例子。但是我无法肯定这会必然导致无产阶级的胜利；我只能把我限制在我见到的一切里。我也不能肯定那些战友在我死后将会继承我的事业，并把工作做得尽善尽美，因为那些人都是有自由意志的，他们到了明天将自由决定那时候的人将会怎样。明天，在我死后，有些人可能决定建立法西斯主义，而别的人可能变得很懦弱，或者松松垮垮，听任他们为所欲为。这样的话，法西斯主义那时就会成为人类的真理，而我们就更加倒霉了。说实在话，事情是由人们决定要怎样就怎样的。这是否意味着我将采取无所作为的态度呢？不。我首先应当承担责任，然后按照我的承担责任行事，根据那个古已有之的公式："从事一项工作但不必存什么希望。"这也不等于说我不应参加政党，而只是说我不应当存幻想，只应当尽力而为。比方说，如果我问自己："这样的社会理想有没有可能成为现实呢？"我没法说，我只知道凡是我力所能及的，我都去做，除此以外，什么都没有把握。

无作为论是那些说"让别人做我不能做的"的人的态度。我给你们陈述的这种学术恰恰和这种态度相反，因为它宣称除掉行动外，没有真实。确实，它还进一步补充说："人只是他企图成为的那样，他只是在实现自己意图上方才存在，所以他除掉自己的行动总和外，什么都不是；除掉他的生命外，什么都不是。"正因为如此，所以我们不难理解为什么有些人听到我们的教导感到骇异。因为许多人郁郁不得志时只有一个给自己打气的办法，那就是这样跟自己说："我这人碰见的事情总是不顺手，否则我的成就要比过去大得多。诚然，我从来没有碰到过一个我真正爱的女人，或者结识过一个真正要好的朋友；不过那是因为我从来没有碰到过一个值得我结识的男人，或者一个真正值得我爱的女人；如果我没有写过什么好书，那是因为我过去抽不出时间来写；还有，如果过去我没有什么心爱的孩子，那是因为我没有能找到可以同我一起生活的男人。所以我的能力、兴趣和能够发挥的潜力，是多方面的，虽然没有用上但是完全可以培养的；因此决不可以仅仅根据我过去做的事情对我进行估价；实际上，我不是一个等闲的人。"但是实际上，而且在存在主义者看来，离开爱的行动是没有爱的；离开了爱的那些表现，是没有爱的潜力的；天才，除掉艺术作品中所表现的之外，是没有的。普鲁斯特的天才就表现在他的全部作品中；拉辛的天才就表现在他的一系列悲剧中，此外什么都没有。为什么我们要说拉辛有能力再写一部悲剧，而这部悲剧恰恰是他没有写的呢？一个人投入生活，给自己画了像，除了这个画像外，什么都没有。当然，这种思想对于那些一生中没有取得成就的人是有点不好受的。另一方面，这却使人人都容易理解到只有实际情况是可靠的；梦、期望、希望只能作为幻灭的梦、夭折的希望、没有实现的期望来解释人；这就是说，只能从反面，而不是从正面来解释。虽说如此，当一个人说，"你除掉你的生活之外，更无别的"，这并不意味着说一个画家只能就他的作品来估计他，因为还有千百件其他的事情同样有助于解释他的为人。这话的意思就是说，一个人不多不少就是他的一系列行径；他是构成这些行径的总和、组织和一套关系。

鉴于这一切，人们对我们的责难，归根到底，并不是我们的悲观主义，而是我们严肃的乐观主义。如果有人攻击我们写的小说，说里面描绘的人物都是卑鄙的、懦弱的，有时甚至是肆无忌惮的作恶者，那是因为这些人物都是卑鄙的、懦弱的、恶的。因为假如像左拉一样，我们把这些人物的行为写成是由于遗传，或者是环境的影响，或者是精神因素、生理因素决定的，人们就会放心了；他们会说："你看，我们就是这样的，谁也无能为力。"但是存在主义者在为一个懦夫画像时，他写得这人是对自己的懦弱行为负责的。他并不是因为有一个懦弱的心，或者懦弱的肺，或者懦弱的大脑，而变得懦弱的；他并不是通过自己的生理机体而变成这样的；他所以如此，是因为他通过自己的行动成为一个懦夫的。世界上没有懦弱的气质这样东西。有的人的气质容易紧张，有的人贫血；有的人感情丰富。但是贫血的人并不因此而是个懦夫，因为使人成为懦夫的是放弃或者让步的行为；而气质并不是一种行动。一个人成为懦夫是根据他做的事情决定的。人们无形中感觉到，而且感到骇异的，是因为我们笔下的那种懦夫被描绘成因为是懦夫而有罪。人们喜欢的是，一个人天生就是懦夫或者英雄。《自由之路》那本书受到最多的责难大致上就是这样："可是，归根到底，这些人是非常卑鄙的，你怎么能够把他们写成英雄呢？"这条反对理由的确相当可笑，因为它暗示英雄是天生的；然而，这些人老老实实就是这样一厢情愿。如果你天生是个懦夫，你就可以安安分分活下去，因为你对此毫无办法可想，而且不管你怎样努力，你将终身是个懦夫；而如果你天生是个英雄，你也可以安安分分活下去，你将终身是个英雄，像一个英雄那样吃吃喝喝。而存在主义者却说，是懦夫把自己变成懦夫，是英雄把自己变成英雄；而且这种可能性是永远存在的，即懦夫可以振作起来，不再成为懦夫，而英雄也可以不再成为英雄。要紧的是整个承担责任，而不是通过某一特殊事例或者某一特殊行动就作为你的全部。

我想，就若干针对存在主义的责难我们已经回答了。你会看出它不能被视为一种无作为论的哲学，因为它是用行动说明人的性质的；它也不是一种对人类的悲观主义描绘，因为它把人类的命运交在他自己手里，所以没有一种学说比它更乐观了。它也不是向人类的行动泼冷水，因为它告诉人除掉采取行动外没有任何希望，而惟一容许人有生活的就是靠行动。所以在这个水准上，我们所考虑的是一种行动的和自我承担责任的伦理学。可是，根据这点资料，仍旧有人责难我们把人限制在个人主观性上面。在这里，我们又遭到许多误解。

的确，我们的出发点是个人的主观性，而所以这样说是根据严格的哲学理由。这并不是因为我们是资产阶级，而是因为我们要把自己的教导建立在真理上，而不是建立在一套漂亮的理论上，看上去充满希望，但是根基一点不扎实。作为出发点来说，更没有什么真理能比得上我思故我在了，因为它是意识本身找到的绝对真理。任何从人出发的理论，只要一脱离这个找到自我的状态，就是压制这种真理，原因是脱离了笛卡儿的我思，一切东西至多只具有可能性或概率性，而任何关于概率性的理论，不附在一个真理上，就会垮得无影无踪。为了说明可能性，人必须掌握真理。在能找到任何真理之前，人必须有一个绝对真理，而这种简单的、容易找到的、人人都能抓住的真理是有的，它就是人能够直接感到自己。

其次是只有这个理论配得上人类的尊严，它是惟一不使人成为物的理论。所有的唯物主义理论都使人把所有的人，包括他自己，当作物——也就是说，当作一套预先决定了的反应，与构成一张桌子，或者一把椅子，或者一块石头的那些质地和现象的模式并无二致。我们的目的恰恰是建立一个价值模式的人的王国，有别于物质的世界。但是我们这样假定为真理标准的主观性并不是什么狭隘的个人主观主义，因为正如我们表明过的，我们从我思中发现的并不仅仅是我自己，也发现了别人。与笛卡儿的哲学相反，也与康德的哲学相反，当我们说"我思"时，我们是当着别人找到我们自己的，所以我们对于别人和对我们自己同样肯定。因此，那个直接从我思中找到自己的人，也发现所有别的人，并且发现他们是自己存在的条件。他认识到除非别人承认他如此（诸如说一个人高尚，或者说一个人欺诈或者妒忌），否则他是不可能成为什么的。除非通过另一个人的介入，我是无法获得关于自己的任何真情实况的。

对于我的存在，别人是少不了的；对于我所能获得的关于自己的任何知识，别人也是同样少不了的。在这些情况下，关于我自己的亲切发现同时也揭示了别人的存在；面对着我的自由是他的自由；他有思想，有意志，而他这样做时，是不可能不牵涉到我的，必然是或者支持我，或者反对我。这一来，我们立刻就发现自己处在一个不妨说是"主观性林立"的世界里。人就得在这个世界里决定自己是什么和别人是什么。

再者，虽然我们无法在每一个人以及任何人身上找到可以称为人性的普遍本质，然而一种人类处境的普遍性仍然是有的。今天的思想家们大都倾向于谈人的处境，而不愿意谈人性，这并不是偶然的。对所谓人的处境，他们的理解是相当清楚的，即一切早先就规定了人在宇宙中基本处境的限制。人的历史处境是各不相同的：人生下来可以是异教社会里的一个奴隶，也可以是一个封建贵族，也可以是一个无产阶级。但是永远不变的是生存在世界上所少不了的，如不得不劳动和死。这些限制既不是主观的，也不是客观的，或者说，既有其主观的一面，又有其客观的一面。客观是因为我们到处都碰得见这些限制，而且到处都被人看出来；主观是因为有人在这些限制下生活，而如果没有人在这些限制下生活，也就是说，如果人不联系这些限制而自由地决定自己和自己的存在，这些限制就是毫不足道的。还有，虽然人的意图可以各不相同，但至少没有一个对我是完全陌生的，原因是任何一个人类意图都表现为企图超过这些限制，或者扩大这些限制，不然就是否定这些限制，或是使自己适应这些限制。其结果是，任何一个意图，不管会是多么个别的，都具有普遍价值。任何意图，即使是一个中国人的，或者一个印度人的，或者一个黑人的，都能为一个欧洲人所理解。说它能够被理解，就是说这个 1945 年的欧洲人会挣扎出某种处境而以同样方式对付同样的那些限制，并且可以在自己心里重新形成那个中国人，或者那个印度人，或者那个非洲人的意图。任何意图都有其普遍性；在这个意义上，任何意图都是任何人所理解得了的。并不是说这个意图或者那个意图能够永远解释人，而是说它可以反复用来参照。一个白痴，一个孩子，一个原始人类，或者一个外国人，只要有足够的资料，总是有法子了解的。在这个意义上，我们可以说有一种人类的普遍性，但是它不是已知的东西；它在一直被制造出来。在选择我自己时，我制造了这种普遍性；在理解任何别的人、任何别的时代的意图时，我也在制造这种普遍性。这种选择行为的绝对性并不改变每一个时代的相对性。

存在主义的核心思想是什么呢？是自由承担责任的绝对性质；通过自由承担责任，任何人在体现一种人类类型时，也体现了自己——这样的承担责任，不论对什么人，也不管在任何时代，始终是可理解的——以及因这种绝对承担责任而产生的对文化模式的相对性影响。我们必须同样看到笛卡儿哲学的相对性和笛卡儿式承担责任的绝对性。在这个意义上，你不妨说，如果你愿意的话，我们每个人通过呼吸、吃喝、睡觉或者用随便什么方式行动，都在创造绝对。在自由存在(free being)①——作为自我承担责任，作为存在选择其本质——与绝对存在之间，没有什么区别。在作为绝对的、暂时局部化了的——局限在历史上——存在与普遍可理解的存在之间，也没有任何区别。

　　这样说并不能完全驳倒说我们是主观主义的责难。事实上，他们的责难可以有好几种形式。第一种是这样的：他们对我们说，"那么不管你做什么都没有关系了"；而且他们的这句话有不同说法。他们先是责备我们提倡无政府主义；然后又说，"你们不能判断别人，因为你们没有理由赞成一种意图，而不赞成另一种意图"；最后，他们会说，"你这样选择，什么都只是随便的了；因为你这只手放弃的，正是你另一只手要抓的。"② 这三种责难都不是怎么了不起。先讲第一种：说不管我们怎样选择都没有关系，这是不对的。在某种意义上，选择是可能的，但是不选择却是不可能的，我总是能够选择的，但

---

① 从这里起到本节止，"存在"都译自 being，但是存在主义者把 being 一词用得很广；在有些人的笔下，有 being，beings 和 Being 的用法，碰到那种情形时，我们就译为"有"、"众有"和"大有"。在本文里，我们还没有碰到要这样译的情况。——译者
② 这第三点责难是参照后面对这项责难的答复译的，与原文字面稍有出入。——译者

是我必须懂得如果我不选择，那也仍旧是一种选择。这看上去好像只是形式主义，但在限制想入非非或者随心所欲上却非常重要。因为当我亲自碰上时——例如，我是个可以有性生活的人，可以与异性发生关系，并且生孩子——我对这件事非得决定我的态度不可，而且从种种方面说来，我对自己的选择是负有责任的；在自己承担责任的同时，也使整个人类承担责任。即使我的选择不是由任何先天的价值决定的，它跟随心所欲总不相干：而如果有人认为这只是纪德的自由行动（acte gratuit）老调重弹，他就是没有看出这个理论与纪德理论之间的巨大差别。纪德不懂得什么叫处境，他的"行动"纯粹是随心所欲。相反，我们的看法是，人发现自己处在一个有组织的处境中，他是摆脱不掉的：他的选择牵涉到整个人类，而且他没法避免选择。他或者仍旧独身，或者结婚而不生孩子，或者结婚并且生孩子。反正，不管他怎样选择，鉴于他现在的处境，他是不可能不担当全部责任的。当然，他选择时用不着参照任何既定的价值，但是责备他随心所欲是不公平的。我们不妨说，道德的抉择比较像一件艺术品的制作。

可是在这里我必须立即插进一句声明，就是我们并不是提倡一种美学的道德观，因为我们的论敌相当不够坦率，连这样说也会责难我们。我提到艺术作品只是作为一种比较。这话先说清楚；然后我们问，当一个画家作一张画时，可有人责备他不按照先前建立的法则作画的？可有人问过他应当画什么画呢？谁都知道，没有什么预先说清楚的画要他画的：画家自己从事作画，而他应当作出的画恰恰就是他将会画出来的那张画。谁都知道先天的艺术价值是没有的，但是在适当的时候，一张画在布局上，在创造的意图与成品之间，是有好坏可言的。谁也说不了明天的绘画将是怎么样的；谁也不能在一张画完成之前对它说长道短。这和道德有什么关系呢？我们处在同样的创作环境。我们从来不说一张画是不负责任的；当我们讨论一张毕加索的油画时，我们很懂得这张画的构图是在他作画时变成这样的，而他的作品则是他整个生命的一个组成部分。

在道德的水准上，情形也是一样。艺术和道德在这一点上是共同的，就是两者都涉及创造和发明。我们无法预先决定应当做些什么。我认为我举的那个学生来找我的例子相当能说明问题，就是不管他乞助于任何道德体系，康德的或者任何一个人的体系，他都找不到一点点可以作为向导的东西；他只有自己发明一法。当然，我们不能说这个人在选择同母亲呆在一起时——就是说，把情感、个人忠诚和具体的爱作为他的道德基础——是作了一件不负责任的选择；同样，如果他牺牲母亲而去英国，我们也不能责备他不负责任。人是自己造就的，他不是做现成的；他通过自己的道德选择造就自己，而且他不能不作出一种道德选择，这就是环境对他的压力。我们只能联系人的承担责任来解释他，所以责备我们在选择上不负责任是荒谬的。

其次，有人对我们说："你们不能够判断别人。"这话在某种意义上是对的，在另一种意义上则是错的。说它对是有这样的意思，即不管人在什么时候清清楚楚、诚诚恳恳地选择他的目的和他的承担责任行为，不管他的目的是什么，他是不可能挑上另一个目的的。说它对，还因为我们不相信进步。进步意味着改善，但是人始终是一样的，面对着一个不断在变动着的形势，而选择始终只是针对形势作的选择。从人要在奴隶制与反奴隶制之间作出选择的时候起，从诸如王位继承战争的时候起，一直到目前人要在人民共和运动与共产主义之间作出选择的时候止，道德问题就没有变动过。

尽管如此，如我曾经说过的，我们是能判断的，因为人是参照别人进行选择的；而在参照别人时，人就选择了自己。首先，人能够判断——也许这不是一种价值判断，但是一种逻辑判断——在有些事情上，人的选择是根据一种错误，而在另外一些事情上，选择则是根据真实情况。我们可以判断一个人，说他欺骗自己。因为我们曾经解释人类的处境是一种自由选择的处境，没有借口也没有援助，所以任何人以自己的热情或者发明什么决定论作为借口，为自己开脱，就是自我欺骗。人们可以提出反对说："可是为什么他不可以选择自我欺骗呢？"我的回答是，我没有资格在道德上对他进行判断，但是我断定他的自我欺骗是一种错误。谈到这里，人们没法不作一项真伪的判断。自我欺骗显然是虚伪的，因为它掩盖了人有承担责任的完全自由。根据同样的标准，如果我宣称某些价值是我非接受不可的，这也是自我欺骗；我自愿挑上这些价值，同时说这些价值是逼着我接受的，这不是自相矛盾吗？如果有人对我说："如果我要欺骗自己，那又怎么样呢？"我回答说："我没有理由说你为什么不应当这样做，但是我要宣称你在自我欺骗，而且只有始终如一的态度才是诚实可靠的态度。"还有，我可以宣布一项道德判断。因为我宣称自由，就具体的情况而言，除掉其本身外，是不可能有其他的目的的；而当人一旦看出价值是靠他自己决定的，他在这种无依无靠的情况下就只能决定一件事，即把自由作为一切价值的基础。这并不是说他凭空这样决定，这只是说一个诚实可靠的人的行动，其最终极的意义，就是对自由本身的追求。一个参加了共产党或者什么革命组织的人将追求某些具体目的，这也包括追求自由在内，但是这种自由是共同追求的。我们是为自由而追求自由，是在特殊的情况下和通过特殊的情况追求的。还有在这样追求自由时，我们发现它完全离不开别人的自由，而别人的自由也离不开我们的自由。显然，自由作为一个人的定义来理解，并不依靠别的人，但只要我承担责任，我就非得同时把别人的自由当作自己的自由追求不可。我不能把自由当作我的目的，除非我把别人的自由同样当作自己的目的。有这些缘故，当我看出人的存在先于本质的说法是完全可靠时，而且人是一个在任何情形下都不能不追求自己自由的自由人时，我就体会到我非同时追求别人的自由不可了。因此，按照自由本身所蕴涵的追求自由的道理，我就可以对那些企图无视其自身存在的彻底自动性和十足自由的人，作出判断。那些躲避这种十足的自由，假装正经或者用决定论为自己开脱的人，我将称之为懦夫。另外一些人，企图证明他们的存在是必要的，而实际上地球上出现人类只是一种凑巧——这些我将称之为小人。但是不论是懦夫或者小人，离开了存在先于本质的严格可靠性这个水准，都是无法识别的。因此，尽管道德的内容是变动的，但这种道德的某一种形式却是普遍的。康德宣称自由是一种既为他自己又为别人的自由的意志。对的，但是他认为形式和普遍性①足够构成一种道德。相反地，我们认为过分抽象的原则碰到要解释行动时，就会垮掉。让我们再一次以那个学生为例；你认为他能够靠什么权威，凭借什么金玉良言或道德准则，使他心安理得地决定抛弃母亲或者同她呆在一起呢？这是无法决定的。决定的内容总是具体的，因此无法预计；它总得由人去发明。要紧的一点是弄清楚发明是否以自由的名义作出的。

　　让我们举两个例子来对照一下，看看它们不同在哪里，又相似在哪里。试拿《弗洛斯河上的磨坊》②为例。这书写一个年轻女子玛吉·塔利佛；她是一个满腔热情的女子，而且自己知

———————

① 即无例外性。——译者
② 英国女作家乔治·埃利奥特(George Eliot, 1819—1880)的小说。——译者

道。她爱上一个青年男子斯蒂芬，而斯蒂芬却与另一个平平常常的女子订了婚。这个玛吉·塔利佛并没有不顾一切地追求自己的幸福，反而为了人类的团结牺牲自己，放弃她心爱的男子。另一方面，在司汤达的《巴马修道院》里，拉·桑赛费林娜由于相信一个男子的真正价值就在于有热情，当众宣称崇高的情感是值得为它作出牺牲的；应当说这要比斯蒂芬与和他订婚的小丫头结合的夫妇之爱强得多。为了实现她自己的幸福，她就会决定牺牲后者，而且，正如司汤达所表现的，如果生活对她作出这种要求，她也会从感情的高度牺牲自己。在这里，我们碰见了两种显然对立的道德；但是我要说它们是等同的，理由是这两个事例中压倒一切的目的都是自由。你可以想象另外两种实际上完全类似的态度，即一个女子可能了为了退让，宁愿放弃她的情人，而另一个则为了满足性欲，宁可不理会她爱的那个男人先前的婚约；在外表上，这两个例子看上去可能同我们适才举的两个例子一样，但事实上却完全两样。拉·桑赛费林娜的态度与玛吉·塔利佛的态度要接近得多，与那种不动脑筋的贪婪态度则相差很远。因此，你看，这第二条反对理由既是对的，同时又是错的。人可以作任何选择，但只是在自由承担责任的高水准上。

第三条反对理由是这样说的："你一只手送出去，另一只手又拿回来。"这话归根到底就是说："你的这些价值不是认真的，因为都是你自己选择的。"对这种责难我只能说很可惜会弄成这样；但是既然我把上帝这个神排除掉，那就总要有个人来发明价值。我们只能实事求是。还有，说我们发明价值恰恰意味着没有先天的生活。生活在没有人去生活之前是没有内容的；它的价值恰恰就是你选择的那种意义。所以你可以看出，创造一个人类共同体是有可能性的。我曾经被人指摘为把存在主义说成是一种人道主义，那些人对我说："但是你在《恶心》中曾经写道人道主义是错的，你甚至讥笑过某种类型的人道主义，为什么你又回到人道主义上来呢？"说实在话，人道主义有两种完全不同的意义。人们可以把人道主义理解为一种学说，主张人本身就是目的而且是最高价值。举例说，在科克托①的《八十小时环游地球记》里，人道主义就是这样的意义；书中的一个角色驾驶飞机高高飞在群山之上，喊道："人真是了不起啊！"这意味着说，虽然我本人没有造出飞机来，但我却从这些发明得到益处，而且我本人，由于是一个人，就可以认为自己对某些人的特殊成就负责，并且引以为荣。这就是认为我们可以根据某些人的最出色行为肯定人的价值。这种人道主义是荒谬的，因为只有狗或者马有资格对人作出这种总估价，并且宣称人是了不起的，而且它们从来没有作出这种总估价的傻事——至少，以我所知没有作过。但是一个人对全人类进行估价也是不容许的。存在主义从来不作这样的

---

① 科克托（Jean Cocteau, 1889—1963），法国诗人、小说家、剧作家。——译者

判断；一个存在主义者永远不会把人当作目的，因为人仍旧在形成中。而且我们没有权利像奥古斯特·孔德那样，肯定人类可以作为崇拜的对象。对人类的崇拜以孔德的人道主义结束，它把自己封闭起来了；而且，还不得不提一下，以法西斯主义结束。这种人道主义我们是不要的。

但是人道主义还有另一个意义，其基本内容是这样的：人始终处在自身之外，人靠把自己投出并消失在自身之外而使人存在；另一方面，人是靠追求超越的目的才得以存在。既然人是这样超越自己的，而且只在超越自己这方面掌握客体（objects），他本身就是他的超越的中心。除掉人的宇宙外，人的主观性宇宙外，没有别的宇宙。这种构成人的超越性（不是如上帝是超越的那样理解，而是作为超越自己理解）和主观性（指人不是关闭在自身以内而是永远处在人的宇宙里）的关系——这就是我们叫做的存在主义的人道主义。之所以是人道主义，因为我们提醒人除了他自己外，别无立法者；由于听任他怎样做，他就必须为自己作出决定；还有，由于我们指出人不能返求诸己，而必须始终在自身之外寻求一个解放（自己）的或者体现某种特殊（理想）的目标，人才能体现自己真正是人。

你可以看出，根据我们这些论述，再没有比人们攻击我们的那些理由更不公平的了。存在主义只是根据一贯的无神论立场推出其全部结论。它的用意丝毫不是使人陷于绝望。如果所谓绝望是指——诸如基督教徒说的那样——不信仰什么而言，那么存在主义的绝望是有点不同的。存在主义的无神论并不意味着它要全力以赴地证明上帝不存在。毋宁说，它宣称就算上帝存在，它的观点也改变不到哪里去。并不是我们相信上帝的确存在，而是我们觉得真正的问题不在于上帝存在不存在；人类需要的是重新找到自己，并且理解到什么都不能使他挣脱自己，连一条证明上帝存在的正确证据也救不了他。在这个意义上，存在主义是乐观的。它是一个行动的学说，而基督教徒只有靠自我欺骗，靠把他们自己的绝望同我们的绝望混淆起来，才能把我们的哲学形容为不存在希望的。

今天的希望：与萨特的谈话

一

莱维：一段时间以来，您一直在思考希望和绝望问题。这是两个您过去在著作中没有更多地涉及的主题。

萨特：至少，不是以同样的方式。因为我始终认为每个人都爱希望，我的意思是说，每个人都认为无论他从事什么工作，或者无论什么，只要与他，或者与他所属的社会团体利害有关的事，都是在取得实现的过程中，而且对他和构成他那个社团的人们也必将是有利的。我认为希望是人的一部分；人类的行动是超越的，那就是说，它总是在现在中孕育，从现在朝向一个未来的目标，我们又在现在中设法实现它；人类的行动在未来找到它的结局，找到它的完成；在行动的方式中始终有希望在，我的意思是说，就确定一个目标加以实现这一点而言。

莱维：您曾经说过，人类的行动朝向一个未来的目标，但是您立刻接下去说这个行动是毫无结果的。希望必然是失望。在一个咖啡馆的侍者、一个人民领袖——希特勒或者斯大林——一个巴黎醉汉、战斗的革命的马克思主义者和让-保罗·萨特中间，在所有这些人中间，看来有一种共同的东西：假如他们都为自己确定一些目标，那么，可以说，他们都会失败。

萨特：我没有这样确切地说，你夸张了。我曾说他们决不会真正达到他们所寻求的目标，我曾说这里始终存在着一种失败……

莱维：您曾声称人类的行动把目的投射到未来中去，但是您也说过这种超越的运动最终引向失败。您在《存在与虚无》中描述了一种存在，尽管它怀着严肃认真的精神设想了种种目的，那些目的仍然像绝对的失败。人为自己提出目标，但是在内心深处，他惟一想望实现的目标是成为上帝，这就是您称之为由自我促成的。由此，自然就导致失败。

萨特：唔，我并没有完全失去这种失败的观念，即使它与希望的观念相矛盾。人们不应忘记在我写《存在与虚无》的时候，我不是在谈希望。关于希望的价值的观念，那是后来才慢慢地在我脑子里出现的。我从未把希望想象成异想天开的幻想。我始终在考虑，即使在我没有谈起这个问题的时候，这是设想我所确定的目的可以得到实现的一种方式。

莱维：或许您不是谈希望而是谈绝望。

萨特：是的，我是谈绝望，但是正如我常说的，绝望不是希望的对立面。绝望是我的基本目的不可能实现，因此在人的实在中存在着一种本质的失败的信念。所以，在我写《存在与虚无》的时候，最后我只能在绝望中找到一个关于什么是人的状态的明晰的观点。

莱维：有一次您对我说："我谈绝望，但这是开玩笑。我谈绝望是因为别人谈绝望，因为这是目前的一种风尚：人们正在读克尔恺郭尔。"

萨特：的确是这样，我从不绝望；我从未认真考虑过绝望可能作为一种属于我的品质。所以正是克尔恺郭尔在这一点上影响了我。

莱维：很有趣，因为您并不真正喜欢克尔恺郭尔。

萨特：是的，可是无论如何，我是受到他影响的。他的话看来对别人具有真实性。所以，在我的哲学里要考虑他的话。这是一种风尚：在我的自觉之中有某种东西正在消失的这种观念，我不能由此产生绝望。但是必须考虑如果别人谈起绝望，那是因为对他们来说它一定是存在的。但是注意，人们在我的著作中再也找不到这种绝望了。那只是一个时期，我知道许多哲学家的著作中，在他们的哲学的早期，在涉及绝望和任何哲学观念时，他们说的都是道听途说；他们赋予它很重要的价值，接着慢慢地他们就不再谈起它，因为他们发觉对他们来说这个内容并不存在，而是从别人那里得来的。

莱维：关于极度的痛苦也是这样吗？

萨特：我从未经历过极度的痛苦。这是从 1930 到 1940 年间一个关键性的哲学概念。这也是来自海德格尔；这些是人们不断使用的概念，但是对我来说，它与任何事物都不相当。无疑，我理解孤寂、厌烦、痛苦，但是……

莱维：痛苦……

萨特：总之，我为了别人才去理解痛苦，我能看到它，只要你愿意。可是极度的痛苦和绝望，就非我所知了。总之，我们还是别再回到那一点上去，因为它与我们的研究无关。

莱维：是的，可是了解到您从没有谈起过希望，而您谈到绝望的时候主要也不是您的思想，这一点很重要。

萨特：我的思想就是我的思想，但是在红色的标题下我组织的思想、绝望，却是与我格格不入的。对我来说，至关重要的东西是失败的观念，失败的观念关系到我们可以称之为绝对目的的东西。简单地说，在《存在与虚无》中我没有说的是：每个人，在他每时每刻都怀有的理论的或实际的——例如涉及政治或教育的问题等——目的之外，在所有这一切之外，每个人都有一个目的——一个我想称之为超越一切的或者绝对的目的，而所有这些实际的目的只有在与那个目的相关联的时候才具有意义。一个人的行动的意义就在于这个目的，这个目的因人而异，但又都具有这种特质：它是绝对的。因此，不仅是失败，希望，在下面这个意义上也是为这个绝对目的所制约的：那就是真正的失败关系到这个目的能否实现。

莱维：这种失败是不可避免的吗？

萨特：这里我们碰到了一个矛盾的问题，这个矛盾我现在还没有解决，但是我认为作为这些谈话的一个结果，我能够给予解决。一方面，我保留这样一种观念，即一个人的生命显示着它本身是一种失败；凡是他想要完成的，他无法实现。他甚至无法构想他所愿意构想的，或者去感觉他所愿意感觉的。这种观念通常引向绝对的悲观主义。在《存在与虚无》中我无意表达这种观念，但是在今天我不得不这样说。然而，在另一方面，从 1945 年以来，我一直在反复思考，人们所采取的行动，如我刚才对你说过的，它的一个基本特点是希望。而希望就意味着我不能采取一项行动而不设想我将使这项行动得到实现。我并不认为，正如我已经说过的，这种希望是异想天开的幻想；希望存在于行动的性质本身之中。那就是说，行动同时也是希望，在原则上不能使之专注于某个绝对的失败。这决不是说它必然要达到它的目的，但它总是出现在一个表现为未来的目的的实现过程之中。而在希望本身之中有一种必然性。对于我，在此时此刻，失败的观念并没有坚实的基础；相反，希望就其作为人与他的目的的关系，一种即使目的没有达到也仍然存在的关系而言，它是我思想上最迫切的问题。

莱维：让我们举个例子吧：以萨特为例。作为一个小孩子，他就决心从事写作，而这一决定则将他奉献于不朽。萨特在他的著作的结尾将说些什么呢？对于这个决定他又将说什么呢？在众多的选择中作出的这个选择，您的选择，难道是一种失败吗?

萨特：从形而上学的标准来说，我常说这是一种失败。我这样说意思是，我没有写出过一部惊世骇俗的作品，像莎士比亚或者黑格尔那样的作品，所以，联系到我原先所想望的，它是一种失败。但是我的回答似乎太虚伪了。的确，我不是莎士比亚，我也不是黑格尔，但是我写出了一些尽我所能进行反复推敲的作品；其中有些确实是失败之作，另一些则差强人意，还有一些是成功之作。这就足够了。

莱维：但是关于您的决定，从整个来说，又是如何呢?

萨特：整个来说是成功的。我知道我一向说的并不始终如一，而且，在这一点上，我们经常处于争论之中，因为我想我的那些矛盾无关紧要，而无论如何，我还是始终朝着同样的方向前进。

莱维：您确实是一往直前! 是啊，您从不认为失败是不可抗拒地必然趋向那具有绝对因素的目的地。

萨特：我从不这样认为。而且，如果一个人竟然想变得那么可耻，他可以认为我从未考虑到自己，即使为别人设想失败。我明白他们是怎样犯错误的，甚至在他们认为已经成功的时候，那纯然是一种失败。至于我，我对自己说，考虑失败和从事写作是把失败变为成功，而我在作品中大致取得了成功。的确，我并没有考虑得很清楚；否则我早就会发觉到巨大的矛盾了。可是我终究还是考虑过的。

莱维：那么凭什么去区别一个当侍者的欲望——一个满怀着我们开头谈到的那种严肃认真的精神的侍者——和萨特的把一切视为鄙不足道、抛在一边而向往不朽的欲望呢？或者在这种差异之中除了卑贱以外就别无他物了吗？

萨特：我认为，不管怎样，在我写作的时候和直到我停止写作为止，我为之心折的不朽思想是一场白日梦。我认为不朽是存在的，但不是像这样的不朽。我愿意后面自己试着解释这一点。我认为我希望达到不朽的态度，如我所想象的，与一个侍者或是希特勒的态度并无多大差别，只是我用来制作我的作品的方法不同而已。我的作品是正确的，道德的；我们会明白我说这一点是什么意思。所以，我相信，有些必然伴随着行动出现的观念，比如不朽的观念，是可疑的而且是乱人心意的。想成为不朽的愿望并没有左右我的作品。

莱维：但是我们就不能从这种差别开始谈起吗？您对我们

讲到您的作品是读者与作者之间的一个慷慨的盟约，一个信赖的盟约。您始终履行一个作家的基本任务。

萨特：社会任务。

莱维：在这种社会任务里难道没有一种欲望，至少像您在《存在与虚无》中说的那种基本欲望的反映吗？

萨特：有。但是我认为需要加以解释清楚。我认为在第一种严肃认真的精神的形式之外，还有另一种形式。那就是道德形式。而道德形式的意思是指我们停止，至少是在那个水平上，把存在视作我们的目的；我们不再希望成为上帝；我们不再希望成为 causa sui①；我们寻求别的东西了。

莱维：causa sui 的观念，毕竟只表现一种明晰的神学传统而已。

萨特：是的，可以这样理解。

莱维：从基督教到黑格尔。

_____

① 拉丁语：意谓他的目的（或理由）。——译者

萨特：是的，我同意，我认为是这样。这是我的传统；我没有别的：既没有东方的传统，也没有犹太人的传统。由于我的历史真实性，这些对我都不存在。

莱维：您通过把自己从这个传统中解脱出来，成为一个上帝式的人，通过把自己从这个作为一个人的事业的定义中解脱出来，您才使自己脱离了这个传统。

萨特：是的，我认为我们现在考虑的道德并非必然引向基督教传统；我们所应该考虑的，以及我们应该在道德中寻求的目标，不是基督教提供给我们的那些东西。

莱维：那慷慨的盟约会在一定程度上推动我们需要一个至少像那"严肃认真的精神"称之为基本的欲望一样的社会吗？

萨特：我相信会这样。是不是必须解释清楚这里所说的社会是什么意思呢？那不是第五共和国①的民主或假民主。那是人与人相互之间的一种不同的关系问题。它也不是马克思认为的那种社会经济关系。

---

① 法国在第二次世界大战以后自戴高乐任总统以来称第五共和国，其特点为总统权力显著扩大。——译者

莱维：在您同马克思主义进行的使人精疲力竭的辩论中，您难道没有寻求我们今天叫做社会愿望的东西，从而摈弃《存在与虚无》中所表达的那种欺骗人的辩证法吗？

萨特：毫无疑问。

莱维：您以为您在《存在与虚无》的结尾展开了一个道德的前景，此后您并没有写出一本书来提供答案，但是您却忙着跟马克思主义辩论。人们一定以为这两者是密切相关的。

萨特：非常密切。

莱维：您原以为凭着黑格尔和马克思对历史的意义所作的解释，人们就能走出《存在与虚无》所引向的死胡同了。

萨特：是的，不过大致如此。当时我想必须在别的地方寻找一个答案，这就是我现在要做的事。我告诉你，探索真正的社会道德目的，与为左派寻求一条能在今天生存的原则的想法是并行不悖的。一个抛弃了一切的左派，现在已经败北，听任那些拙劣的右派政党去赢得胜利了。

莱维：那些政党不仅拙劣而且下贱。

萨特：在我说右派的时候，我的意思是指那些卑鄙的家伙。这个左派，或者是死亡——在眼下濒于死亡的是人，或者是找到一些新的原则。我希望我们的讨论是一种道德的轮廓和左派指导原则的发现。

莱维：我们能达到最接近实际的一点，那就是左派的基本原则多少是与社会愿望相关联的。

萨特：绝对如此，而且与希望相关联。你知道，我的那些作品都是一种失败。我没有说出一切我要说的，或者没有运用我想说的方式说出来。这在我的生活中有时是非常痛苦的；另一些时候，我误解了自己的谬误，而以为我做了我想做的事。可是此时此刻，这两者我都不相信。我相信我或多或少做了我力所能及的，它有多大价值就是多大价值。后世会驳斥我的许多主张；我希望其中有些会继续存在。但是不管怎样，在历史的许多运动中总有一种运动会慢慢地引导人认识自己。于是，本来会在过去实现的一切就会发生，就会具有一种意义。比如，我所写的作品。那就是给予我们所做出的一切以一种不朽。换句话说，人们必须相信进步。而这或许是我最后的一句天真的话。

莱维：让我们回到您和革命派的辩论上去。您说您和他们有共同的目标。可是在内心深处，您还是持怀疑态度的。您那些话或多或少表示了这种意思。您以往不过是一个同路人。那不是说明您赞成一种双重思想体系吗？

萨特：确切地说，那并不真实。那不是一种双重体系的思想。那只是我发现每个政党都是愚蠢的，因为主意都来自高层，并且影响下层的想法，那是提出愚蠢的主意的最好办法。因为主意是应该在下层想出来的，是不能从上面加以评价的。自从我二十岁以来，这就是为什么一个政党的观念总使我反感的原因。人们应该认识到一个政党并没有真理，并且也不指望有真理；政党自有其目的意图，并向某个方向进展：一个同路人，确切的意思就是"一个试图在这个党的组织之外思考问题而希望党能利用他所发现的真理的人"。

莱维：同路人的这种做法可能导致的一个结果是：30 年代正当苏联实行强制性的集体化，消灭成千上万的农民的时刻，正当这种精神方兴未艾的时刻，罗曼·罗兰抵达苏联，他却宣称："我在苏联看到了人类精神的权利获得了显著的扩大。"

萨特：罗曼·罗兰不是卓越的思想家。

莱维：您于 1954 年来到苏联进行一次正式访问，回国后在一家晚报上宣称，苏维埃社会主义共和国联盟是享有最多的自由的国家。

萨特： 我确实想到它的一些美好的事物，尽管不如你想的那么多，但正是这样我才防止自己否定地思考它。

莱维： 同路人有一些很古怪的知识分子习气。

萨特： 我并不是说一个同路人是完美无缺的人；这不是简单的。事实上，我现在不想为同路人辩护，因为不幸的是他为党提出的主张都没有被接受。

莱维： 一个党——是像您所说的那样愚蠢——和一个同路人，也就是说，一个知识分子，他作为一个知识分子就会有一个真理的概念，两个加起来，就引起某种悲惨失败的事情。

萨特： 我明白，我明白。

莱维： 那么，这样看来，您似乎在给已故的同路人致赞颂的悼词吗？

萨特： 我不过是说，目前许多政党都鼓起劲头了。显然，在今后二三十年内重要的左派政党再不会像它们现在这样了。也许那时有一两个政党已经消亡。可能会发生一些其他事情，于是也不会再有同路人了。那将是，我曾经解释过，一连串具有明确的和特殊的目标的群众运动。在这些群众运动中，同路人的概念就不再有任何意义了。

莱维：您的同路人将放弃它的灵魂。我想要一张签署的死亡证明书。死者是谁？一个阴险的恶汉，一个骗子还是一个头脑清晰的人？

萨特：我宁愿说他是个不坏的人。不一定是个骗子：在一定的情况下他可能是骗子。要是他屈从于党的要求，他会变成一个恶汉或骗子。但是他也可能拒绝屈服，那么他就是个不太坏的人。简单地说，把事情搞得使人无法忍受的是党。如果他是个同路人，那是因为有一个政党在。

莱维：让我们说得明白点吧。同路人的这种形象是不是最近三十年来损害了左派意识形态的其他种种失败中的一种呢？

萨特：在我看来，就是这样。

莱维：对于您在这方面的活动，今天您是怎么想的呢？

萨特：我实在够不上是一个同路人。在 1951 到 1952 年间我是同路人；1954 年我去了苏维埃社会主义共和国联盟，几乎就在这以后，随着匈牙利事件的发生，我就跟党决裂了。这就是我作为一个同路人的经历。只经历了四个年头。况且，这对我来说是次要的问题，因为那时我还做了其他事情。

莱维：难道我们没有发现这岂不是有两重思想体系之嫌吗？

萨特：我始终这样说，我与党的想法不同。这不是两面派。我愿意说服自己，党的那些伪观念总还是充含了某些真理，它们总还是具有一个坚实的基础，它们的愚蠢的一面也许只是表面的。事实上，在我心目中曾留下很深的印象，因为共产党把自己叫做工人阶级的党。我认为这是一个错误。一个知识分子需要有某种他为之坚持不懈的东西。我找到了，正如很多别的人找到了一样。

莱维：让我们谈谈知识分子这种对某种东西坚持不懈的需要吧。您如何解释这种需要最后把您，把您和许许多多其他人都引到了斯大林主义的礁石上去的呢？

萨特：那不是斯大林主义。斯大林主义已经跟斯大林一起死去了。今天，人们用斯大林主义来诋毁任何东西。

莱维：那又如何解释知识分子需要坚持不懈地，我的意思是说，在那种破烂货里去找到支持和根据呢？

萨特：因为这是一个涉及为社会寻找未来的问题。对社会来说，有必要阻止它今天这样到处乱七八糟的状态。我并不认为靠我自己，靠我的思想，我就能改变世界，但是我识别出那些正在试图前进的社会力量，我发现我是置身于他们中间的。

莱维：有一点我们不是看得更清楚吗？开始的时候，那位完全独立无羁的知识分子，对共产党并不关心，写《存在与虚无》，也无意寄托希望，从而给这种射向未来目标的超越赋予一个积极内容……

萨特：——无意寄托，但也无意寻求……

莱维：那位独立无羁的知识分子可并不特地在共产党的破烂货里寻找一种真理①；不，他向任何人都不作说明，只是精

① 这部分提到的共产党，指第二次世界大战前及战后一段时期的法国共产党。——译者

心创立一种思想体系。但是您走进了一条死胡同，于是通过反对派，您看到了内容；您以为您原先的结论不准确，而为了使未来具有内容，您需要求助于一个代表团。

萨特：是的，我需要联合起来的人，因为光凭一两个单独的实体不可能动摇社会躯干并使之崩溃。这就需要想出一个由战斗的人们组织起来的团体。

莱维：好极了。您马上设法提出团体问题，多数人联合起来一起行动问题，作为革命思想的关键问题。您可以写一本长达八百页的书为实际参与活动的集体确立一套理论。

萨特：那是一本没有完成的书！[①]

莱维：而且是一本人们曾经指望能超过八百页的书。然而，为了确立这样一种实际参与活动的集体的理论，您不得不求助于历史的最终目的描述。您从马克思主义那里借来这种描述：工人阶级对完成史前史负有责任。让我们把所有一切都加上去。人们看得出您已经从您最初把终极目的界说为失败转移

[①] 即指下面提到的《辩证理性批判》，第一卷出版于 1960 年，是萨特的哲学思想发展演变的展现。但此后作者并未着手撰写续篇。——译者

到认为终极目的是由无产阶级完成历史的第二种界说了。

萨特：但始终没有忘记失败。

莱维：在《辩证理性批判》中，人们确实看到了失败，因为人们每一次期待找到博爱，他们都被恐怖吓倒了。但事实是在《辩证理性批判》中，思想运动的原则是具有一个最终目的的原则。

萨特：原来想加上一个论述这个最终目的的第二部分，如你所知，我没有写。

莱维：您提出的这两种界说都不能令人满意。第一种界说由于您提出第二种界说您已经把它放弃了；而第二种界说，如果我能斗胆这样说的话，因为我们的时代把它给抛弃了。

萨特：我以为演进通过行动将是一系列的失败，但是从这些失败中将出乎意料地产生一种早已包含在失败之中而被那些想望成功的人们所忽略的积极的东西。这个积极的成果将是部分的、地区性的成功，那些一向为这些成功而工作的人却不容易识别这就是成功，但是随着从失败到另一次失败，积极的结果将取得一定程度的进步。我就是这样理解历史的。

莱维：在同一个时刻面临着思索的困难以及活着的失败和意义，面临着要冒种种犯错误的风险，人们不如放弃这种一个目的的观念为好……

萨特：那么为什么要活着呢？

莱维：听到您这样说，我很高兴。今天这种一个目的的观念怎样才能表现出来呢？

萨特：通过人。

莱维：请您解释。

萨特：我的意思是说，要显示人到底是什么，这是可能的。首先，你知道，对我来说，不存在 a priori① 的本性；所以，人是什么还没有得到确定。我们都不是完整的人。我们都是在努力斗争以期达到人的关系和人的定义的存在（beings）。我们现在正处于一场斗争之中，而这场斗争无疑将持续好几年。但是这场斗争需要加以解释：我们寻求像人一样在一起生活，并且寻求成为人。所以，正是从寻找这种定义和这一明确

---

① 拉丁语：先验的。——译者

无疑属于人的行动，当然在人道主义之外，我们才能考虑我们的努力和我们的目的。换句话说，我们的目的是达到一个真正选定的机构，在那里每个人（person）都将成为人（man），其中一切集合体都同样地富有人性。

莱维：在 1939 年以前[①]，您曾说人道主义是胡说。几年以后，您对自己的改变未加说明，您在一次讲演中问道：存在主义是一种人道主义吗？您说是的。接着，不多几年以后，在殖民战争时候，您解释说人道主义是殖民主义的遮羞布；今天您告诉我们：人必须成为人，但这又与人道主义毫不相干。

萨特：我有些厌恶人用来赞美自己的人道主义。那就是《恶心》[②]中人们期待那个自学成才的人来强调的问题。我历来拒绝这种类型的人道主义，我现在仍然如此。我也许太绝对了。我的设想是，等到人真实地、完全地存在的时候，那么他和同时代人的关系以及他独自存在的方式，就可能是我们可以称作人道主义的目的了，就是说，那就是人的存在方式，他和他的邻居的关系以及他自身的存在方式。但是我们现在并不在

---

① 即指空前酷烈的第二次世界大战爆发前。——译者
② 萨特于 1938 年出版的著名中篇小说，亦译《厌恶》。——译者

那个时刻；我们是前期人（pre-man），就是说，是没有达到一个他们可能永远无法达到的目的的存在（beings），但是他们显出自己是朝着那个目的前进的样子。在这个时刻，人道主义会有什么意义呢？如果有人把存在看作是完美的封闭的全体（totalities），在我们的时代就不可能有人道主义。恰恰相反，如果有人认为这些前期人身上有某些原则是合乎人性的，我的意思是指能使这种前期人成为人并预先防止构成前期人的存在的胚芽，然后根据眼下迫切的原则来思考个人对个人的种种关系，这样我们才能把它叫做一种人道主义。那主要是同别人的关系的道德。这是一个道德的主题，等到人将来成为人的时候，它仍将存在。这样一个主题能产生一种对人道主义者的肯定。

莱维：马克思也说过人最终将成为真正全面的人。随着这样的推理，人们把前期人视作原始物质从而构成完整的全面的人。

萨特：哦，是的，可是这就太荒唐了。人们在前期人身上发现的恰恰是具有人性的方面，而这些是促使人们禁止自己利用人作为达到一个目的的东西或者工具的原则。我们正是在这一点上坚持一种道德。

莱维：在另一个时期，您不是又该把这种向道德的呼吁斥之为形式的或资产阶级的吗？我们行动光明正大。您给我们讲这些禁律，您给我们讲什么是合乎人性的。所有这些，在以前可能会使您感到好笑。这里到底有什么已经改变了呢？

萨特：如你所知，有很多很多事情，在此有待于讨论。无论如何，在过去我可能会感到可笑，我可能会讲那是资产阶级的道德；我可能讲的全是废话。接受事物的现状，根据事实，根据我们周围的前期人，不用考虑我们的资产阶级的或者无产阶级的本质，直接从我们自己来说，人道主义只有通过努力才能实现，只有依靠人才能实现。而我们，正处于前一个时期，正朝着那个我们以及我们的后代应该或者将来应该成为的人的方向前进，我们只是把人道主义视作我们身上优秀品质的经验，视作跳出我们自身而进入人——从我们的善良的行动可以想见这样的人——的圈子的一种努力来实现。

莱维：今天您是怎样理解道德的呢？

萨特：我认为不论是什么意识，都有一个向度①，义务的向

---

① 原文为 dimension，可译为：向度、广延性、维度等。——译者

度，这个问题我在哲学著作中没有研究过，也很少有别的人研究过像这样的问题。义务这个词并不恰切，但是要找另一个词，你几乎就一定要发明这样一个词。我的意思是说任何时候我感知到任何东西或者干什么事情，总有一种企图超越实在的要求，它把我试图实现的行动变成一种内在的强制力，这就是我的意识的向度。每一个意识都必须做它所做的事，并不是因为凡是它所做的都真正是正当的，而是因为不论它可能有什么目的，它看起来总具有一种要求的性质，在我看来，这就是道德的开始。

莱维：有很长一段时间，您对个人是置于托管之下的观念一直很敏感。在《家庭的白痴》中，您引证了卡夫卡的话，又加上了一句："可是你不知道交付给谁管。"这种不知道交付给谁管的受托管的自由的观念——这是否就是您想这样概略地描述一种必要的自由的观念呢？

萨特：我认为这是一回事。在每一种古典的道德哲学中，不论是亚里士多德的或是黑格尔的，你都碰到同样的困难：处于意识之中的道德到底在哪里？它是一种现象吗？我们一贯是道德的吗？有没有这样一些情况：你没有沦为道德败坏，而你却是不道德的？当你吃东西或者喝一杯酒的时候，你感到道德或不道德，或者根本没有感觉到什么吗？我们也忽略了人们作为教导孩子的那种日常道德的道德与那种特殊情况之下的道德之间的关系。我认为每一个意识都有这种从未有人加以分析的道德的向度，而我就希望我们来分析这种道德的向度。

莱维：可是在您的早期著作中，您曾解释说意识是道德的；自由是它所具有的价值的惟一源泉。您现在在转变您的思想了。

萨特：因为像大部分道德家那样，在我早期研究中，我是在既没有相应的也没有其他的（我宁愿要其他的而不愿要相应的）意识的一种意识中寻找道德。而今天我认为在特定的时刻发生在意识里的一切，必然受制于，甚至萌生于其他人在那个时刻出现的甚至没有出现的，存在的意识。换言之，对于我，一切意识都在把自身构成意识，而在此同时又构成其他人的意识和为其他人的意识。那种实在（reality）就是我称作道德意识的东西，那就是这个自身被视作别人的自身并与别的人有一种关系。

由于我们总是出现在别人面前，即使在我们上床和睡觉的时候也是如此，由于别人在这同时看来好像是一种微妙的强制力和无法实现的东西。而当一个人行动的时候，他就是在作选择，一种自由的选择。这种强制力就其不作决定而言，是超现实的。它看来好像是强制力，而选择却是自由地作出的。

莱维：是不是年老使您改变了思想?

萨特：不，每个人都把我当作一个老年人①。我对此感到好笑。为什么? 因为一个老年人从来不想感到自己是个老年人。我从别的人那里懂得，年老对于那些从外部观察这个现象的人意味着什么，可是我不感觉自己年老。所以，我的老年不是一种——就其本身而言——教我懂得一件什么事情的东西。教我懂得一些事情的是别人对我的态度。在别人看来我已经年老这个事实，是说明老了。老年是由别人所经验到的关于我的一个现实；他们看到我，说我是老年人，他们对我和和气气，因为我快要死去了，他们还对我很尊敬等等。正是别人才是我的老年。你不妨注意这一点：尽管你以掩藏自己的存在而谈论我这种方式参与这次对话，我们仍然是在一起进行的。

莱维：这个"我们"是怎样使您的思维起了变化，您又为什么接受这种变化呢?

萨特：起先，你知道，我需要有一个我能和他作一次对话的人，一个我想可能是秘书那样的人——我只能讲，因为我已经不能执笔写字了。这一点我向你暗示过，但是我立刻明白，

---

① 此时萨特已年届七十五岁。——译者

你不可能成为秘书，就你来说，你必须成为这种沉思的部分。我的意思是说我们必须一起进行这种沉思。这样就使我的研究方式完备了，因为到目前为止，我始终是独自工作，坐在一张桌子旁边，面前放着一枝笔和一张纸。而现在我们一起形成思想。有时我们并不一致。这构成了一种我只有在我老年时期才能有的思想交流。

莱维： 这是不是两害之中害处较小的一种？

萨特： 开始的时候，是的，但是后来这种合作就不可能是两害之中害处较小的一种了。这真可怕：我的思想被别人或一种新的东西冲淡了；那是一种正在由两个人形成的思想。我平常伏案著述，而通过我的著述提出的观念都是带有普遍性的，但它们不是复性的。它们是普遍性的，就是说，每个人读了它们就形成自己的思想，不管是对还是错。但只要它们不是几个人的意向融合的结果，那就不是复性的，并且带有我的印记。一种复性思想没有特别的进入权；它是由每个人以不同的方式进行探讨的；它只有一个意义。但是这个意义却是由每个人从不同的前提和先入为主的偏见产生的。而它的结构则通过每个人的不同的眼力而为人所理解。

在只有一个作者的时候，思想就带有它自己的印记：一个人进入作者的思想，这个人就循着那位作者已经探出的那些道路行进，尽管这个思想是普遍的。这就是我们的合作所带给我的：我们共同形成的这些复性的思想总是给予我一些新的东西——尽管从一开始我表示赞同过。我曾想不管你能说什么来改变我的一个观念，不管你说的是你的反对意见或者是一种对观念的不同看法，等等，那都是必要的，因为这样就不再把我放在一种从一张纸的后面想象出来的公众面前了——我以前经常这样——而是放在那种能引出我的观念来的反作用的面前。这时候，你在我心目中显得非常有趣。同样，还有一点关系很大：你十五岁的时候，就开始从我的著作中考虑哲学问题了，你记得很清楚，比我记得清楚得多。在我们的谈话中，这一点很重要，因为你把我带回到 1945 年或 1950 年我说的那些话，为了使我明白我当前的思想怎样会发生矛盾或者再次坚持那些思想的。

最后，你对我非常有用。人们不能真正在我们的谈话中感到这一点，因为，就像经常那样，当你不是单独和我在一起的时候，你躲在隐蔽的角落，这样不管发生什么情况，人们就能看见一个老人在让一个聪明的老弟跟他一起工作，而他是主要角色。但是在我们两人之间发生的却不是那种情况，那也不是我所想望的。我们是两个人，尽管我们年龄不同，都熟悉哲学史和我的思想演变的历史，我们一起探讨道德问题，一种常常与我过去所持有的某些观念相抵触的道德。问题不在这里。但是对于我们现在所进行的探讨，你的真正重要的作用，人们在我们的讨论中却感觉不到。

莱维：曲解我们的讨论的是第三个读者的出现。

萨特：这我很清楚，可是正由于为了这第三个读者，我们才写作……

二

莱维：不久前，您曾说政治上的左派（在法国）已经死了。很清楚，您不过是大声地表达了许多人无疑在心里暗自转念的想法而已；但是光说左派死了，那是不够的。这个问题还需要稍稍仔细地加以研究。这里仍旧有一个左派全体选民存在，仍旧有那些左派的政党存在；所以，说左派已经死了，实际上意味着什么呢？

萨特：首先，它的意思是说左派的选民总是投左派的票，也就是投左派的那些政党，但是左派选民已经失去了希望。他们已不再相信投票能表达出一个较高的目的。投共产党的票往常被视作为一种革命的行动。而目前，它显然被看成不过是一种传统的共和主义的行动。有一个叫共产党的政党存在，于是人们就正常地投它的票，正像人们会投任何其他政党的票一样。

莱维： 在左派运动的时代，我们不是早已说过这样的话了吗？我们往往批评那些左派政党的竞选政纲。

萨特： 但是左派运动也已经消失了。就是说，一方面，存在着这些左派政党的竞选政纲，它使那种正是希望出现一次强大的全面的变化的思想，一次革命的思想，成为不可能实现的空想——而在另一方面，又有左派运动的造反的一面，但这一点也已经消失了。这样，就再也不可能采取像人们在 1968 年举行一次大罢工，同时上街示威游行等等那样的行动了，像这样的行动在眼下不会有什么意义了。诚然，这是能够办到的，人们很容易想出组织一次走到巴士底监狱的示威游行，在游行中人们会遭到警察的殴打，或许也把警察打倒几个。但是这样又算什么呢？情况还是依然故我。而那些行动往常能给予左派以某种满足，或者是一种假象，这是一个我们可以讨论的问题。而现在，这一切都过去了。现在谁都知道，上街游行示威影响越来越小。示威游行终止于混乱，终止于以暴力对抗警察和警察以暴力对抗示威群众，终止于监禁等等。那些政党，像社会党左派，都不过是一些政治性的运动，而且领导人如密特朗与罗卡（Rocard）之间的争夺权力和关于社会主义的分歧的概念又使这些运动受到阻碍。

所有这些表示出左派的团结，早在20年代起就因为共产党的存在而受到了强大的威胁，现在则已经是破裂了。1914年前，左派还不只是一种群众运动，有些人可能领导一阵子，但他们不是公认的党的领袖。比如，若雷士他更多的是党的组织者，而不是党的领袖。他组织罢工运动，在下议院进行活动。但他不是惟一的一个，他也不是始终受到别人的赞同，居斯德的地位在党内和他一样重要，至少在开始的时候是这样。总之，那时左派既是多样的同时又是团结的。换句话说，它是由一条原则管着的。

莱维：您这么说是什么意思？我一点也不懂得您的意思。1914年前这种团结包含了什么？难道您这样回顾过去其中有某种神话般的东西吗？

萨特：那时并没有政治上的团结，但是在整个19世纪和20世纪初有一种感情，认为那些站在左翼的人，他们的观念和行动是基于一条总的政治的、富有人性的原则，他们的政治策略就来自这条原则。左派不能不是这样。但是这条原则……事实上，在这点上使人饶有兴味的是，自从一个左派形成以来——我想说从大约1792年到19世纪末为止——这条原则一直继续存在着，人们提到它，相信它，但它始终是模糊不清的，它没有公开地或有意识地被人们清楚有力地表达出来。人们说：我倾向左派，如此而已。假若人们真的想做一点事来恢复这个不幸的已经死去的政治上的左派，他们就必须设法表达这条原则，去发现它的真实本质，和它今天怎样才能在一个新形式中存在下去。我认为左派已经死去，因为它过去确定的那条原则从来没有明确地写在纸上，印在人们脑子里。

莱维：可是并没有任何不明确之处！马克思主义作出的那些解说……

萨特：——马克思主义规定了马克思主义左派的原则。在《资本论》里提出了这些原则，在马克思主义著作中也提到。但这些是马克思主义的原则，不只是左派的原则。

马克思主义看来好像是一种理论，一种严格的理论，或者不妨说，一种试图成为严格的，试图运用演绎法和分析方法研究事实的理论。但是不仅这样，它是在一种社会背景下，在一种比理论更为广阔的心智的、感情的气氛中发生发展的，而在某些方面，这种气氛由于那样的理论，即左派的精神，而受到挫折。当马克思去和德国革命派谈他的学说的时候，他和他们讨论了许多问题，他们一起达成了共同协议。统辖这个协议的，尽管他们在那么多的词句里从来没有这样说，是左派的精神——这种存在的观念加上某种左派的集体努力。

莱维：归根到底，这条原则必须予以命名，这一套观念也必须定名。您具备足够的要素——诞生日期：1792年；这一套当初尚未产生分歧的观念的发展时期：19世纪。我想答案就在您的嘴边：您现在正谈起1793年起义者的兄弟关系的精神，米什莱和他关于1789年7月14日[①]的描述，瓦莱斯和公社社员的普遍的兄弟关系。

萨特：我不反对你这样说，但是兄弟关系的精神却不容易下定义。

莱维：它起着一种指导原则或衡量标准的作用。但是始终没有人把它这样解说过。

萨特：确实如此，但这是因为它没有得到充分发展。我认为恰恰是在这种兄弟关系的观念中有某种东西阻碍了它的充分发展。如果你愿意，我不妨说从1792年到公社为止，革命派都是兄弟但同时又不是兄弟，在某种程度上，他们对别人把他们看作兄弟感到羞耻。可是他们却又声称兄弟关系。正是这一点必须予以澄清。

---

① 法国大革命，这一天巴黎革命群众攻陷并摧毁了古老君主制的堡垒——巴士底监狱。——译者

莱维：您说得很对。从目前的分裂开始吧。实际上分裂是什么？就1792年诞生的结构而言，我们至少不妨试着决定一下我们今天到底处于什么状况。左派运动的死亡促使我们需要这样做。

萨特：我知道这种分裂还有另一个原因：那就是1914年前在某种情况下属于左派的那些成员都变成了政党。政党制度是左派的死亡。

莱维：您对政党制度的反对是非常模棱两可的。否定政党而倡导一种纯粹的简单的复归，正像您现在提议的那样，是容易的。但是不要停留在1914年，要回到开始的时候：回到1792年。

萨特：唔，准确地说，1792年那时并没有党派。

莱维：可是那时虫子已经在果实里了。事实上，您现在就是在描述那种把左派运动带向死亡的运动。左派运动需要它，左派运动必须摒弃共产党的或者斯大林主义的关于党的概念。由于信赖从19世纪取得的那些观念以及左派——在整个20世纪始终是一个很小的少数派——承受的反对力量，左派运动需要那样的运动。当然，左派运动需要表明它同无裤党和1793年的激进观念的联系。不妨回忆《人民事业》和它的同谋"迪歇纳神父"（Father Duchesne）的联系。这就是今天正在瓦解的东西。今天已经死去的正是这种想通过与1793年那出最初的戏剧的联系从而摒弃共产党观念的企图。

萨特：是的，后果是往常认为自己是在左派一边的那些党派，现在已经不再是这样了。因为死去的正是左派的锐利的锋芒。

莱维：的确如此。让我们看看在1793年的结构中到底什么东西已经过时了。我们原来认为在反对那些左派的政党，回到激进主义去是必要的东西。像那些把最初的人民主权的革命观念引向极端的无裤党人。无裤党人当时需要干的就只是高举着鹤嘴锄上街，这样一来就使原来建立的执政当局失去了合法性。统治权是重新夺回了：那是在大街上。权力是在大街上。不是在国民议会里，不是在凡尔赛，不是在杜伊勒里宫①。在这个过程的发展演变中有一种谬误的东西。然而，我们驳斥这种站着的统治权却花了不少气力。

---

① 法国王宫。1792年6月20日无裤党人手持长矛枪来到立法议会递交反对国王路易十六的请愿书，接着涌进杜伊勒里宫。——译者

萨特：不论是什么情况，对我来说，激进主义似乎始终是左派的一个基本观念。如果我们拒绝激进主义，我们就在不小的程度上促成左派的死亡。然而，从另一个观点看来，我发现激进主义只能引向死胡同。就是说，如果我们主张一个特定的行动必须是激进的，必须进行到它最终的结果，而不考虑任何行动往往与另一些行动有联系并且很自然会影响这一特定的行动，那么，我们就是自欺欺人。

莱维：我们两人都这样说过。

萨特：我们都说过，但是我们必须承认我们是错了。我们的行动必须实现，但是可能会有这样一个时间来到，从外部，从另外一些行动给我们施加压力，除非稍作修改，接受另一些人参与行动，否则就不能继续行动的进程。另一些行动本来不是出自同一意图，换句话说，是一些妥协。于是，我们会说，如果你愿意的话，激进主义不再是像意图要追求这个目的那样渴切追求的目的了；正如康德的道德所说的，意图是主要的，而必须激进的正是意图。但这并不是暗示说这样我们就有意地决定了要像激进派那样去实现一个目的，这样我们就可能不至于在我们起先设想的那些手段之外被迫采用其他手段；也不是说，因此把行动从开始时候的样子稍稍改变一下，就能达到它的目的。

莱维：让我们来概括一下。我们说激进主义到底是指什么？这包含着从一个热点开始，然后把热传遍整个社会表层。要是有一些温吞水似的人，那他们就太糟了；把这些温和主义者送上断头台去！今天我们说：有一个热区和一个冷区。这里不可能有以什么代价的问题，也就是说，事实上以反常为代价，以造成把热渗透到冷的地区去，更恰切地说，目的是使热区和冷区发生变化。您说得对，我同意您的话：激进主义，热区的核心，在意图中就是把这个地区的形成加速。我们也会同意，至少在初期，这种意图标明着兄弟关系的精神。换句话说，我们现在干的是在放弃兄弟关系和恐惧之间的必要联系的那种观念。这，当然，并不意味着就不可能存在兄弟之间的恐惧的事例。

萨特：我想是这样的，尽管我们给这种没有恐惧的兄弟关系作了如此解释，一天以后我们又得回到那种兄弟之间存在恐惧的观念。

莱维：让我们回到意图就是激进主义的要素这个观念上去吧。

萨特：意图，就其定义而言，必然地是目的的感觉；这样说意图是激进的，实际是说意图抓住了一个激进的目的。十分简单，激进主义发自意图本身；它不是这样一个目的的属性。这里我的意思是：在历史上，我们经常遇到有些个人或者团体似乎在追求同一个目的，这样就把他们团结起来，说同样的一些事情；但是慢慢地情况变得明显起来，他们在追求不同的目的。原因就在于意图不同。他们之所以不同是因为在这些不同的团体之间看来具有共同之处的后面各有他们自己的真理，结果明显的是，一切团体所共同持有的是一种或多或少是模糊的概念而不是目的本身。

莱维：这一点非常重要。它意味着革命的联合迄至目前为止始终是误会而已。

萨特：往往如此。

莱维：这样，为了试图避免联合的观念，那种联合可能不过是误会的涵义之下的联合，我们寻求的是能真正是一种意图的联合。换句话说，做一个激进派就意味着以一种激进的方式把原先各不相同的意图集中起来，使之达到一致。

萨特：从可能的程度来说，那是对的。

莱维：过去我们说有革命作为我们的目的，我们是犯了极大的倒退的错误，况且既然人们不能做一份煎蛋卷而不打碎几只鸡蛋，那么为了达到这个目的，我们势必要玷污双手。在这种推理中有缺点。否定尘土、粪便、血污是不成问题的。不，缺点是在目的之中，是在果实里的虫子。当出现这种目的混乱时，从这时候起，在目的和方法、目的和手段的问题中必然存在更深的混乱，这种混乱实际上带有消极的，甚至罪恶的后果。但是如果今天我们倾向这样说，目的，也就是激进地假定的意图，通过历史前进……

萨特：意图是超越历史的。

莱维：是的。

萨特：而且在这个意义上，它不属于历史。它在历史中出现，却不属于历史。

莱维：这里有一个采取行动的手段，技巧的问题，但是由此，这个问题必须在它与一个超历史的目的的从属关系中加以考虑。目的不是去取得政权，像列宁所想的那样。重要的问题是这个目的的性质。我们应该怎样恰切地设想这个目的呢？

萨特：是的，首先我们必须澄清我们可能谈到的超历史的手段和目的究竟是什么，既然接管权力是历史范畴之内的一个目的：在特定的社会，特定的时间，在历史的发展中，夺取权力，这意味着有一批非常特殊的人物，他们的名字或者是路易十六或者是罗伯斯庇尔，这决定于时机，他们应运而起。叛乱者或革命者一向追求的最终目的是什么，他们无法命名或者没有看清楚却想实现的最终目的是什么。这正是我们必须设法加以解释的问题。

莱维： 的确如此。因此，在兄弟关系这个词（它表示了"左派"这个称号所标明的这种观念和感情上的混乱复合体的特点）中有一个必须予以分离出来的因素，那就是兄弟关系的意图，引证一种真正的兄弟关系的历史经验。在这方面，我们能辨认出我们同1792年的起义者的联系。但是要在一个激进的参照构架内设想这种意图，承认主权、群众抗议和直接民主——不，那已经完啦。从现在起，我们必须考虑1793年起义者的解决办法，以及此后左派的解决办法，是一种虚假的解决办法。从今以后，我们必须面对这个在虚假回答的核心中的问题，民主的问题。

萨特： 那就是说研究民主，不管是直接民主还是间接民主。把它当作一个整体来研究，弄清兄弟关系精神和民主之间可能存在什么关系，民主赖以建立的基础以及始终存在于民主之中的基本原则是什么等等。因为对我来说，我想你也会同意，民主，在我看来不仅是一种权力的政治形式或者授予权力的政治形式，而且是一种生活，一种生活方式。我们民主地生活着，而且，在我看来，必须是这种生活方式而不是别的生活方式，此时此刻对我们来说，才是人们生活的方式。我们必须看出人们是否确实生活在民主政治之中，是否确实民主地生活着，我们必须看出民主到底意味着什么。我认为，一开始，民主这个词就必须从它本身内涵来研究，然后首先检验它的政治形式，因为这是进行研究的最简单的方法……

莱维：不仅是最简单的方法，也是惟一的方法。

萨特：民主这个词本身含有一个意义如今已经废弃不用了。从语源学上来说，就是人民管理（the government of the people）的意思。现在很明显，在现代那些民主国家里没有人民在掌管政府，因为这样的人民并不存在。在古代政体和1793年期间有过这样一种人民，现在不再有人民了，称呼人民是不可能的，因为人们的生活方式完全被劳动的分工个性化了，除了职业的关系以外，同别的人再没有什么关系了。他们每隔五、六年履行一种特别的行动：领到一张上面印着名单的纸，然后把这张纸投到一只选票箱里去。我不认为这样就表示人民有了权力。

在 18 世纪和大革命时期，那时没有今天看到的这种生活的分裂现象。眼下，一个投票的人就不同于一个生活在恐怖时代[①]或者在那以前的人那样投票的方式。这就是说，在今天，投票选举是一种断裂的活动，既与他的职业不相联系，也与他一般个人关注的东西无关。1793 年就根本不是这样看待投票的。投票不是生活里很多行动中一种特别的行动。它其实是一个人因此变成介入政治的行动，因此一个人在某种意义上存在着的行动。此后投票变了样子，由于这个原因，从法国大革命来看，我们现在不是向前进展，而是失去了势头。

莱维：诚然。可是可以这样说，今天，通过普选权这个早已变得古老的做法，我们已经走过了从热区到冷区的路程。真的，投票是从热气腾腾的时候开始，现在投票已经冷了。可是至少投票容许这种在热的和冷的之间连接的方式，如果可以这样说的话。既然这是我们在大声叫喊"选举，是给傻瓜设下的圈套"的时候否认的东西，这中间难道没有过错吗？当然，过去有过那些时刻，现在还有那样的时刻——例如，就在葡萄牙的红色革命以后，那里第一次投票选举是热气腾腾的选举。他们没有投票已经将近四十年了。现在我们知道投票在从热烈走向冷淡。但是恰切地说，我们有一个必须解决的问题——从热

---

① 资产阶级历史学家用以指法国大革命中 1793 至 1794 年的时期。——译者

烈走向冷淡的问题。我同意投票不是最终的解决办法，因为它逐渐会从热烈变为冷淡，丧失它原先的热气。这一点我们已经同意。但是我们必须摒弃那种虚假的解决办法，包括叫喊："热呀，热呀，热呀……打倒温吞水！"普选权至少有一个优点，它能标明一个数字的实体，一个完整的系列：它不取消"每个人"的观念，没有了这种观念，所谓"兄弟关系"就毫无意义。

萨特：让我们互相了解吧。这里总有一些类型的人没有请求他们投票。

莱维：当然；但是在那种情况下，正确地说，有一个严格的激进主义的，一个严格的激进化的例子：在整个 19 世纪和部分 20 世纪进行的一切革命斗争都是把普选权激进化，以充分扩大普选权的范围。为了给予"每个人"这个概念以一种更为有效的意义。

萨特：你说得很对。一个人可能就会感到奇怪，"每个人"到底是什么意思。例如，投票选举权利的真正涵义是什么？换句话说，那些把选票投进选票箱的不同的人，他们之间是什么关系？既然投票的结果是一部宪法、一项法令，总之，作为"每个人"的一种方式，像你所说的那样。那么，投票所必需的是人们在他们自己中间的一次会合，而且这必须是在投票之前。事实是每个人，每个投票人都生活在一个社会环境，一个团体之中，同一些人生活在一起，他们致使他至少部分地服从于某种智力条件，从而迫使他把那些他将要在投票中表达出来的重大的普遍理论内在化。因此，在投票选举之前，在人们互相之间原先就有一种关系，没有这种关系投票选举是不可能的。那些去投票的人是属于同一个地区，同一个家庭，长期以来持有共同观点的人；总之，投票不过是这一切的表达。

莱维：您是不是在重复马克思曾告诉我们的话，那就是，投票是具有政治意识的人的一种表现，这个表现导源于一个更为基本的表现，即具体的社会生产关系的表现呢？

萨特：在某种意义上是这样，只不过我并不认为主要的关系就是生产关系。就投票选举而言，我想那（即生产关系）确实是主要的（关系）：在城市里建有许多工人区，这些地区包括那些从事同一职业并且在一起投票的人。但这不是最重要的东西。人与人之间最深厚的关系是在生产关系之外把人们联结起来的东西。这是在他们作为一个生产者以外使他们相互变成某种关系的东西。他们都是人。这就是必须加以研究的问题。有人性和有能力——与自己一样也有人性的邻人们共同制定法律、公共机构并通过投票使自己成为一个公民，这一切意味着什么？马克思关于不同上层建筑的区别是一次绝妙的研究，但它完全是谬误的，因为人对人的原始关系，是别的什么东西，而这正是我们现在要去发现的东西。

莱维：在《辩证理性批判》里您声称您已经发现了。

萨特：当时我正在寻找，但同时还在寻找其他东西。再说，我没有写第二卷。你知道，我后来把《辩证理性批判》搁下了，因为看来这项研究在我脑子里还没有成熟，我无法完成它。这是真正的理由。而重要的恰恰是这一点，如果我像我过去在《辩证理性批判》里那样考虑社会，现在我就会发现兄弟关系这种精神在书中没有受到密切的关注。如果从另一方面，我把社会看作是由一种比政治更为基本的个人与个人之间的联结造成的，那么，我认为人民应该有、或者能够有、或者确实有某种原始的关系，那就是兄弟关系。

莱维：兄弟关系何以是原始的？难道我们都是一个父亲的子女吗？

萨特：不，但是就任何其他关系而言，家庭关系是原始的。

莱维：我们大家都属于一个家庭吗？

萨特：在某种程度上来说，是属于一个家庭。

莱维：您这种原始的亲属关系的概念是什么？

萨特：事实上，对于我们每个人来说，在降生人间这样一个程度上是同一现象；其次，在某方面来说，两个交谈的人就有同一个母亲。显然不是我们根据经验说的那同一个母亲。她没有眼睛，也没有面孔；它是某种观念，但却是我们俩互相共有而且和任何其他人共有的一种观念。属于同一族类就是在某种意义下拥有同一的父母。在这方面我们都是兄弟。况且，正是这样人们并不以生物学的特征而以存在于个人之间的某种关系，就是兄弟关系，也就是一母所生的关系来解释人类。这就是我要说的意思。

莱维：在柏拉图的《共和国》里，苏格拉底刚解释了一个正义的社会所具备的一切条件（每个阶级各得其所，这一部分实际上说得尽善尽美），又补充说："啊！胡说！……我还有一点要说，尽管我实在并不想说，但是我不得不说：还需其他东西，必须使所有这些人相信他们都是兄弟，必须使他们相信他们都是同一个母亲所生的儿子，这个母亲，让我们把她叫做土地。让我们这样说，这样人们就会相信他们都出自土地，因此他们都是兄弟；毫无疑问，每个人都是用一种不同的合金铸成的，这说明为什么一个人成为勇士，另一个人成为农夫，另一个人又成为长官；但他们实际上都是兄弟。"所以，这位母亲，您所指的母亲，由于一句虔诚的或者冷嘲的谎言，就甘冒风险变成希腊人所赋予的那种含义之下的母亲，或者现代意义下的国家。

萨特：我从未把苏格拉底的话理解为实际是一种虔诚的谎言。他的意思是说，实际上人都是兄弟。但是他没有能把这个意思正确地说出来，没有正确地阐明这句话所呼吁的真理属于什么性质。所以，他把这句话变成了荒诞的神话。

莱维：是啊。所以苏格拉底的本意是善良的。然而，在最后一分钟他碰到了困难，几乎危及整座大厦而使之倾覆。当我们涉及的是关于集合在一起的主要特质，也就是兄弟关系的概念的时候，怎样才能避免堕入神话呢？

萨特：这里不存在荒诞的神话问题。兄弟关系的观念是人类成员中间的关系。多少千年以前，第一次社会分裂是以图腾为特征的氏族。图腾是某种包容整个氏族的东西，它给予氏族全体成员的互相关系以一种深刻的现实，例如，阻止他们在氏族内部通婚。而这种关系就是一种兄弟关系。我的意思是说，广义的氏族观念，氏族的持久的团结，是随着氏族成员认为他们的祖先是某种动物的信念而俱来的，这就是今天必须加以恢复的东西，因为这是一种真正的兄弟关系；也许在某种意义上是一种神话，但它也是一个真理。

莱维：您岂不是在抄袭苏格拉底的思想模式吗？就是在困难面前退缩到神话上去了。

萨特：不，我认为并非如此，因为我前面所说的意思是，神话是由群体的成员创造的，只是为了确认他们之间的一种关系，那就是群体关系。换言之，他们在创造，但他们并不意识到自己是在创造，一种滋生繁殖了他们全体的动物，使他们由此都成了兄弟。何以如此？因为起先他们感到他们都是兄弟。所以，在这以后就有这样一种创造，使这种兄弟关系具有一定的意义，但是给予群体以一种兄弟关系之感的却不是这种创造。恰恰相反。

莱维：但是我们的问题却不是退回到神话从而宣告这种兄弟关系的原始思想。我们怎样才能既做到这点而又不落入苏格拉底曾经落入的陷阱呢？

萨特：我们并没有落入陷阱：在氏族里我们都是兄弟，与我们都是同一个女人所生是一样，这个所谓同一个女人是以图腾代表的。他们从这个女人的子宫里诞生出来，从这个意义说他们都是兄弟。在这一点上，到底是哪一个个别的女人，不是问题所在。她只是一个女人，有生育的子宫，有哺育的乳房，或者还有负载孩子的背部。这个母亲可能就是一只作为图腾的鸟。

莱维：可是您似乎坚持要参照生物起源，否则人们本来可能要说任何其他的字眼，比如说"平等"的地方，就会说"兄弟关系"了。然而，事实上您似乎非常热中于"兄弟关系"的观念，不再像以前那样热中于平等的观念了。因此，人们必定会发现一种思想形式，它坚持生物学的论据，却把论据运用在一个非生物学的领域，而这种思想形式又不是神话性质的。

萨特：你说得对。因此，这种可以称为"兄弟关系"的一个人与另一个人之间的关系究竟是什么？它不是平等的关系。它是这样一种关系，其中驱使一个行动的许多动机都是属于一种感情的序列的，而行动本身则是属于一种实际的序列。这就是说，在一个社会里人们都是兄弟，人同他的邻居的关系，首先是一种感情的、实际的关系：它必然要恢复这种天赋。因为就本源来说，这种感受性是人人共有的。

当我看见一个人，我想，他和我自己同一渊源，他像我一样出自人类之母，如苏格拉底所说，大地之母，或者母亲……

莱维：唔，这个母亲、人类、大地又是什么呢？我们还是陷在神话里。有没有一条出路可以突破这个神话的参照系呢？

萨特：我认为，不是无稽的神话而是真实的东西，是你对我和我对你的关系。人对他的邻居的关系称为兄弟关系，因为他们感到他们自己有着一个共同的始源，而在未来又有一个共同的目标或目的。起源和目的都是共同的，这就是构成他们的兄弟关系的东西。

莱维：我们是在探讨一个真实的经验，一个可以想见的经验吗？

萨特：依我所见，当一切人，人类，他们心中的目标一旦得到实现，那种完全真实的可以想见的经验就会存在。到那时候，就可以说出生人世的人都会有一个共同的始源，不是凭母亲或父亲的繁殖的器官，而是由于数千年来采取的最后演变为人类的一系列步骤。这就将是真正的兄弟关系。

莱维：我懂了。可是今天我们怎样预先想象这个字眼呢？

萨特：一个毋庸置疑的事实是世界存在着一种道德。

莱维：在当代的情况下，怎样描述这种兄弟关系的精神而又不后退到神话上去呢？

萨特：因为这终究是未来的事情。因此，没有必要求助于神话。神话总是属于过去的。就人们相互关系而言，兄弟关系是人们将来的势所必然，那时越过我们的全部历史，他们就能宣告他们在感情上和在行动上都联合在一起了。道德是必不可少的，它真正意味着人或者前期人将拥有一个建立在集体行动基础之上的未来，而在此同时，在他们的周围将出现一个建立在物质基础之上的未来，这最终意味着匮乏。这意味着凡是我有的就是你的，凡是你有的就是我的；同时也意味着如果我陷于穷困，你给与我，如果你陷于穷困，我给与你。这是未来的道德。而人们确实有一些具体的需求，外部条件又不容许他们实现这些需求，总是供不应求，食物总是少于需求，甚至创造食物的人也总是少于所需的人数。总之，我们被匮乏所包围，这是生活的一个真实的事实。我们总是缺乏某些东西。

有两种态度，它们都是合乎人性的，虽然两者似乎不可相提并论，但是又必须同时并存。一种是要使人类得以实现，得以产生的努力：这是道德问题。接着是一个反对匮乏的斗争。

莱维: 由此产生暴力,根据您在《辩证理性批判》中所说的。我想提醒您一点,您在《世界不幸的人们》的序言中这样写道:"暴力的儿子,你谈到一个殖民地的人,他每时每刻从暴力汲取他的人性。"您并没有写"母亲的儿子"。不,是"暴力的儿子"。这是逐渐形成的,生产性的暴力,像恩格斯说的那种暴力一样。

萨特: 那不是同一回事。

莱维: 我看不出为什么不是同一回事。可是这里我要提一个问题:是否人性本身就能从暴力中产生?请明白我的问题不是问:暴力是不是存在?我也不是问:在一定情况下,暴力是否证明是正当的?不,我的问题要更局限一些:暴力能具有这样一种补偿的作用吗?它能有您赋予它的那种制定法律、制度的作用吗?

萨特: 如果我们以阿尔及利亚为例,我在《世界不幸的人们》中探讨过,首先我的观察结果是,除了用暴力解决以外,没有其他解决办法。殖民主义者从没有想象出一个能为阿尔及利亚人接受的解决办法。有两种绝对相反的观点,那只能引向暴力。你知道,这种暴力导致殖民主义者被驱逐,他们回到了法国。

莱维：那可不是我提的问题！

萨特：别急！当然，暴力不会就像这样加速人性的完成。暴力只是打破某种阻碍人成为一个人的奴役状态。一旦暴力消除了被殖民状态，也就是说奴役状态，留下来的就是不再受到某些强制的前期人，他们会找到属于另一类的其他人，就像在阿尔及利亚，但是不管怎样，他们会试着去接近一个能动的公民的地位，这种能动的公民本身距离真正的人就同他距离被殖民的前期人一样遥远。

莱维：您说过：他们的兄弟之爱是他们对我们怀有的厌恶的另一面。兄弟们，在那种兄弟之爱中他们每个人都杀过人。您现在不再持这种看法了吗？

萨特：我不再持这种看法。

莱维：问题是兄弟关系的经验是否能通过那种涉及杀死敌人的工作而产生。

萨特：不。说实话，我还不能看清暴力与兄弟关系这两者的关系。

莱维：那么，他们作为暴力之子，都是兄弟吗？要不然，可能首先发现了兄弟关系，接着在任何其他手段都无法逾越的障碍面前，他们没有别的选择只能诉诸暴力。于是使用了某种有限暴力的形式，没有任何道德的最终目的，难道这种暴力形式本身是从兄弟关系的经验中发生的吗？

萨特：这里需要的是一种把兄弟关系的观念扩大到使它变成一切人之间的一种独一无二的、无与伦比的、明显的关系的道德。这种关系首先是群体关系，恰切地说，是一些以这种或那种方式依附于一种家庭观念的小群体之间的关系。在遥远的往昔，那种关系就是今天我们所说的兄弟关系。这种关系被群体所封闭，而把兄弟关系约束在群体内部，并产生暴力（这恰恰是兄弟关系的反面）的，正是别的群体或另外那些群体想突破这个群体、闯入这个边疆的倾向。这就是今天我想说的。

三

莱维：您怎样说明在您的著作中出现的这样一种转向暴力道德的意义深远的倾向呢？比方说，您怎样说明您在《世界不幸的人们》的序言中流露的激情呢？

萨特：在那个特定情况下，激情来自阿尔及利亚战争和印度支那战争，这两次战争都使我深深震惊，因为如你所知，在十九岁的时候我对政治的惟一反应是对殖民主义怀有的厌恶。我所能了解的摆脱殖民主义的惟一途径是暴力。这种人们所称之为暴力的，是殖民地人民反抗殖民主义者的暴力。

　　莱维：可是您又加上，"透彻"、"民族团结"、一切重要的事物，毕竟都是枪口威胁之下造成的！当我们在《人民事业》的一篇社论里发扬暴力的道德时，这种立场是可以理解的：我们那时是在就军事上的愚蠢行为问题提出疑问。但是当时是什么激发您这样做的呢？

　　萨特：那是在我见到法农的时候，他非常激烈：这确实说明了我们当时发表那些思想的语气。还有一点是，我们那时陷于一种困难的处境，不管怎样，我们正同阿尔及利亚人一起反对法国，但是尽管我们站在他们一边，他们却并不怎么喜欢我们。这样就使我们落入一种特殊的处境，正文里表达了这种处境：最大的一次暴力行动的"不适"的处境，还有那种"非此即彼"的态度，因为那是所能采取的最简便的一种态度。对于我，法国不是无足轻重的事物。就我来说，反对自己的国家并不是愉快的事。

莱维： 您有一次曾经告诉我，关于这一段原文，实际上是首先写出草稿，此后从文体原则的基础上系统地加以修改，使原文更加激烈。然后您又跑去见普鲁（Poulou），当时他正在客厅里手里握着剑在作战，而他的母亲正弹着钢琴。

萨特： 你记得，特别是自从年轻的普鲁为了保卫自己和打击邪恶的敌手而展开了斗争以后。

莱维： 于是那位新巴达雍（Pardaillon）就写了《世界不幸的人们》那篇序言。

萨特： 是的，确实有那样的意思。

莱维： 请注意，在您写的那些关于抵抗运动的著作里，您并没有赞扬暴力……

萨特： 在抵抗运动中作战和炸毁火车的人们，跟写文章的人们，都是同样的人。至于阿尔及利亚人，那是两个不同团体的人。这就是不同之处。不论我是否炸毁了铁路，我们大家依然都是在同一条船上。

莱维： 在占领时期，敌人是残忍的，兽性的。在那个特定时刻，您为什么不精心阐发一种更生的暴力道德呢？

萨特：当时我们自己就是那些直接或间接地实行暴力的人；我告诉过你，在那个时候，在那样一个法国，尽管在大战以前曾经教育大家对暴力怀着一种深深的厌恶，但是我们同那些爱说"暴力是高尚的，我们这样做是正当的"人们站在一起。考虑谋杀、爆破等等是必要的，好像是我们不得不干的事情，几乎是一种必要的恶行。

莱维：但是为什么您又从那样一种必要的恶行转变到……

萨特：如果在我看来阿尔及利亚人不像他们实际上那样强暴，我也许就会同其他法国人和解：我就会回到法国的信徒行列中去。但是我看到阿尔及利亚人受到法国的虐待和折磨，他们起来反抗法国，因为法国人是非正义的，我发现这是必要的。而我既然是法国人，像大家一样也是非正义的，因为这里有一个集体的责任；但是与此同时，我赞成，而正是在这方面我与大部分其他法国人不同，我支持这些受折磨的人对法国的斗争。

莱维：言语的暴力，为什么要这种民族的自我鞭挞？

萨特：在一定程度上，是这样；当然，在一定程度上。

莱维：今天我们的问题是简单的：如果革命的概念变得等同于恐怖主义的概念，那就完啦。为了重新确定革命概念的含义，有必要一劳永逸地拒绝一种兄弟关系的恐怖主义的概念。当然，人们可以决意放弃任何革命的概念。人们可以把革命理解为一种昂贵的异想天开的幻想。对这种幻想，有两条反对的理由：第一条理由，也是真实的理由，有暴动；第二条反对的理由，涉及暴动的合法性。这种合法性来自我们所称谓的社会要求（le désir de société）。反对一种幻想，一种绝非异想天开的幻想，而是一种认为在目前社会状态中已经实现了人类统一，一次暴动就显示出真正深刻的问题，统一的问题；人类事业的统一有待于创造。如果康德把一个合乎道德的社团观念复归于一个人的全体（human totality）的理想是正确的话，那么一次暴动是向一种合乎道德的秩序的呼吁：使已经淡忘的呼声再次得到人们的倾听。

萨特：请把你的想法说得更清楚一些。

莱维：我不知道有没有必要从区别几种因素或者区别几个不同的时期来思考暴动的成果。兄弟关系最初出现于漫长的成熟过程的终点，这种经历包括一种与人类一样长存不灭的关系的诞生。当然，人们可以想起我们大家从 7 月 14 日所学到的东西。但是在时间上离我们更近的福科①说，他在德黑兰的大街上看得到普遍的意愿。当前采用某些暴力形式与恺撒式的行动相似：这是一个搬掉阻挡这种关系诞生的障碍的问题。至于说兄弟关系主要求助于暴力才得以维持，在某种情况下，是指为了使婴儿得以降生，除了要有一个男人和一个女人的结合和胎儿的成熟以外，还必须要运用镊子的手术。当然，在革命工作期间的确会出现转移。这一点人们在 1968 年看得很清楚，出路不再是构成这次事件的意义的诞生，而是在乔治·巴塔耶②所赋予的社会的和性爱的两重意义之下的对峙、决裂。那是神圣的时刻，也是兄弟关系处于恐怖之中的时刻。

萨特：你忘记了另一方——敌人——一直在行动。挑起人们在这两种时刻中任何一种时刻出现的态度的正是这一点。

莱维：用"挑起"这个词要小心。在第一阶段，对示威者来说，警察或者士兵，是哪一个没有多大差别，实际就像其他人一样是个兄弟。当然，就他跟那种需要加以清除的障碍相同的程度而言，他是个迷途的兄弟，人们可以不把他看作兄弟；

---

① 福科(Foucault)，法国当代历史学家。——译者
② 巴塔耶(George Bataille,1897—1962)，法国现代作家。——译者

但是无论如何，在这种事情中必不可少的是创造这种兄弟关系；这种创造给予起义暴动以巨大的力量，一种几乎奇迹般的力量的形成。在那个时刻，人们看到仇恨几乎完全无影无踪了，甚至，我再说一遍，对士兵也是这样。另一方面，到第二阶段，神圣的时刻，由于正是在那时分裂成为势不可免，在示威者和向他开枪的警察之间，就明显地有一种联系。在某种程度上，示威者需要他的敌人，正像两片嘴唇要分裂就互相少不了一样。的确，这样，把必要的团结授与示威群众，让他们成为像一个躯体的各个部分那样团结的，正是镇压的暴力。他们再也不知道他们是否兄弟，或者他们只是在向士兵进攻时才是兄弟。把团结给予他们的是敌人呢，还是示威者们一致同意的一种单方面的明确的统一呢？从那个时刻起，这两者合为一体了。

于是，那种认为对峙造成暴动起义的团结，认为起义者们因反对另一方组织严密的敌人而变成了兄弟的观念，显然会造成我们不久前所批评的激进化，一种企图挑动敌人以增强起义者们团结的革命马基雅维里主义[①]。但是这种关于团结的独特观念是否已经标志了兄弟经验的衰退呢？这中间有互相损害的宗派，惰性，对于解决长期潜在问题的软弱无力；在这方面，

---

① 意大利政治家、历史家马基雅维里的一种为达到目的而不择手段的主张。——译者

人们使用了理想的武器：憎恨另一方——1789年的贵族阶级或在伊朗的美国人。实际上，对于统一的明确接受已经停止，而求助于通过攻击以前的力量而产生的这种消极的团结形式，则是掩盖这种衰退的一个方法。这是革命政治的反常运用。

萨特：那是第三阶段。

莱维：对。在这方面，列宁主义是一个很好的例子。它谈到正面的经验；那是问题的一面。但它完全是作为消极团结的一个成果而发挥作用的。对于列宁来说，那是建立起一个钢铁般的团结来回答权力的团结的问题。这样一种确定的统一，在产生的时刻就开始丧失锐气。列宁主义是非常灵验的。

在1968年我们难道没有看到一点别的现象吗？难道我们没有看到这样的事实，那就是处在这样一个缺乏权力的时刻，没有必要考虑人的集合吗？

那意味着什么呢？我们应该拒绝权力吗？当然不。难道我们应该把权力看作是一种绝对的坏东西，因此人们都应该弃之如敝屣？绝对不应该如此。不，说权力，就其政治意义而言，真空已经产生，说这种权力还没有建立，这不过是本质的理解。这是暴动起义的第一阶段了不起的启示。正是这一点使革命者说："一切都是可能做到的。"而在某种意义上，一切都是可能做到的，是真实的。怎样才可能做到使这种认识不致屈从于政治歇斯底里？也许这是必须回答的问题，而不能通过把它变成一种绝对的东西来回答。起义暴动在人类团结的漫长事业中不过是短暂的一瞬，不过是兄弟经验的小小的一面。我们与母亲的关系中小小的一面，您会这样说。

萨特：我大体上同意你把暴力的出现分为三个阶段。不过我想对前两个阶段，甚至第三阶段再作一些较为完整的描述。但是我们准备在那本专门研讨道德思想的书中这样做。目前我只能无保留地表示赞同，因为到那时我会说明我的保留意见。

莱维：也许没有就犹太人对革命群众所怀有的某种不信任感的意义给予足够的注意。也许我们一直不太想知道这种不信任隐藏着多少真理。犹太人，尤其是如果他生活在基督教的社会里，能在革命群众的表面之下看到暴徒们对犹太人进行集体迫害的细微迹象吗？在某种程度上，他还没有经历过我们现在正试图加以批评的那种悖于常情的行为吗？

萨特：不要忘记1917年共产党内有相当多的犹太人。在某种意义上，人们可以说正是他们领导了革命。所以，你刚才说的话里似乎有不正确的东西。

莱维：当然，我说的是仍旧保持犹太人的犹太人。当一群人认为自己是一个神秘的团体的时候，这个犹太人知道他受到威胁了。多亏他的经验，他是不会把普通老百姓当作一个完美的反抗榜样的。相反，他会在革命之际来自兄弟之爱的真理和来自宗教社团及其恐怖主义者的威胁之间进行辨别。难道这还不能使我们得出结论：在对革命进行重新考虑中犹太人的经验是必不可少的，而且必须充分考虑这个经验。在我们讨论的问题中，犹太人有双重关系。首先，他必须承认救世主的观念，不管它那一切悖于常情之处，是建立在革命观念的基础之上的。另一方面，就他受到这种悖于常情的观念的损害而言，他是处于前列的。由此产生这样一个任务：正确理解这种观念，恢复它本来的意义。

萨特：这是完全可能的。

莱维：从这一观点看，目前思想状况很危险。一切都在发生，似乎救世主主义，或多或少，都成了我们一切邪恶的根源。当"新右派"把救世主主义当作它的攻击靶子的时候，它是在干它正当的工作。最严重的问题是，从左翼攻击一切救世主主义也是"正确"的。但是，有人对救世主主义，犹太人的救世主主义到底是什么表示过怀疑吗？不，每个人干得就好像他们都知道似的。什么时候我们才会承认我们其实一无所知，认识到对我们来说懂得它是什么是一个至关重要的问题呢？难道我们能忘记反犹的污言秽语的根源正是愚昧无知吗?

萨特：在我写《反犹太主义者和犹太人》的时候，救世主主义对我来说是一种毫无意义的观念。如果今天它对我具有丰富的意义的话，那部分地是因为我们的这次谈话使我明白了这种观念对你所具有的意义。

莱维：在您写那篇论文的时候，您以为犹太人是反犹太主义的一个虚构——如果把问题提得具有挑衅性的话。不管怎样，反正您认为根本没有什么犹太思想，根本没有犹太历史。从那以后您的看法改变了没有?

萨特：不。我保持这篇论文作为对一个犹太人的肤浅的描述，以这样一个生活在基督教社会里的犹太人为例，在每一条大街的拐角，反犹太主义的思想都把他逮住，这种思想吞噬着他，想把他化成公式，在他最深邃的存在中捕获他。犹太人当然是反犹太主义的受害者。我局限于就这个犹太人的生存谈反犹太主义的思想，尽管我认识一些犹太人。此刻，我认为在反犹太主义对犹太人的蹂躏之外，还有一个犹太人的实在(Jewish reality)，有一个深厚的犹太人的实在，就像有一个深厚的基督教徒的实在一样。两者当然迥异，但是涉及某些团体又是属于同一类的。犹太人认为他自己有一种命运。我要解释一下我是怎样得出这个观念的。

莱维：我正想问这个问题。

萨特：这是我在解放①以后结识了一些犹太人才得出的。以前我当然认识过几个，但是同他们中间任何人都没有深厚的关系。解放以后我认识了克洛德·朗兹曼，他成了我的一位极好的朋友。在那以后，我的养女阿蕾特（Arlette Elkaïm），她是一个犹太人，我知道她是怎样想的，接着我遇见了你。我们一起工作过，我们也曾在日常生活中一起度过一些更为轻松的时刻。所以，现在我对犹太人念念不忘的问题有了更深切的看法。基本上这就是我改变了的观点。直到我写《犹太人问题》的时候，我主要是敌视反犹太主义。《犹太人问题》不过是一份向反犹太主义的宣战书。

莱维：当我在十七岁读《反犹太主义者与犹太人》的时候，这本书是我用来要求向反犹太主义开战的一条最好的正当理由。但是在那同时，您曾向我保证说如果这场战斗取得胜利，我就会发现我梦想发现的东西：那就是，我是一个人，而不是一个犹太人。您那本书还把一种自我否定的形式合法化

---

① 指第二次世界大战后法国从法西斯德国占领下获得解放。——译者

了。您注意，我当时可不那么想。

萨特：那是完全可能的。你那样看这个问题，而我却认为别人一直是同我一样看这个问题的。那就是，根本没有犹太人的实在。要注意这种实在像基督教的实在一样基本上是形而上学的，当时在我的哲学里不占据什么地位。那时只有自我的概念，那就是我排除了一切从内部表现出来的个人特性，而在外部寻找自我。这样，排除了形而上学的和主观的特点，犹太人就只能像这样存在在我的哲学里。如今我看人和过去不同了。我一向非常好奇，想了解从内部看犹太人的实在到底可能是什么。但是我必须面对这样一个事实，就是为了要从内部了解犹太人，我就得是他。

莱维：可是对福楼拜①您又是怎么做到的呢？

萨特：因为福楼拜给我的细节比一个犹太人给的多得多。关于犹太人的重大事件大都是用外文写的，希伯来语，有时是意第绪语。

莱维：或许您能克服这个障碍。

---

① 指萨特晚年埋头写作福楼拜评传。——译者

萨特：对一个法国人来说，希伯来语不是最后的障碍：他只须学习就行。但是从他开始学习的时刻到阅读对他有重要关系的书的时刻，这中间有一段相当长的时间。由于这个原因，我无法把我了解犹太人的实在进行到底，但是我能看到一些原则，一些开端，这些能引导我从中得出结论。

莱维：可是在您写《反犹太主义者和犹太人》的时候，您肯定收集并应用了一些文件资料。

萨特：没有。

莱维：怎么能那样呢？

萨特：从来没有。我写《犹太人问题》没有应用任何文件，没有看过一本关于犹太人的书。

莱维：那您是怎么写的呢？

萨特：我写我所想的。

莱维：可是您从什么谈起呢？

萨特：没有什么开场白，开门见山就谈我要反对的反犹太主义。

莱维：您大可以翻阅任何一本书，比方说，那本我刚读过的巴隆写的《以色列史》。那本书就能使您不至于写出犹太人没有历史那样的话来啦。

萨特：读了巴隆的那书，我发现在那时它也改变不了我的观点。

莱维：为什么？

萨特：因为在我说没有犹太人的历史的时候，我是以一个严格界定的形式思考历史的：法国的历史，德国的历史，美洲的历史，美国的历史。那就是，一个拥有家园和其他类似状况的独立自主的政治现实的历史。如果人们说有犹太人的历史，那就得把历史看作是别的什么东西。必须把犹太人的历史设想为不仅是犹太人在世界各地的散布，而且是这种散居于世界各地的犹太人的联合，分散的犹太人的联合。

莱维：那么，在他的深厚的实在中犹太人就能从这种历史哲学中解脱出来了。

萨特：正是这样。如果有犹太人的历史，或者没有犹太人的历史，历史哲学就不相同。确实有一部犹太人的历史，这是很显然的。

莱维：换句话说，黑格尔加在我们美丽河山上面的历史，是要摆脱掉犹太人，而容许我们有朝一日冲出黑格尔强加给我们的这种历史的正是犹太人。

萨特：这是毫无疑问的，因为这证明在历史上确实有一个犹太人的联合，而这个真实的联合并不是由于在一个历史的故乡集合着犹太人，而是由于行为，由于文章，由于那些并非通过一个祖国的观念而产生的联系，或者是不多几年以来一向与一个故乡有关的联系。

莱维：在您看来，犹太人的实在的这种联合从何而来？

萨特：这正是我想弄清楚的问题。但是仔细考虑以后，我认为犹太人的基本品质是，几千年来，他一直与一个神交往，他是信奉一个神的教徒，而正是这一点使他区别于以前一切的民族：他们都有许多神，给予他以本质和自主的也正是这一点。而且，他与神的关系非常特别。神，当然总是与人有关系的；朱庇特①就与人有关系，跟女人睡觉，在他想变成人的时候就变成了人，所以，这并无新奇之处。

新奇的是神与人联系的那种方式。犹太人那种独特的关系，是他们与所谓道（Word）的关系，就是说与神的关系。神向犹太人讲，犹太人听他讲的话，通过这一切，实在（reality）就是犹太人与上帝这种原始的超自然的联系。这，我认为，就是古代犹太人的最初的定义，这种人，在某种程度上，他的一生决定于、控制于他与上帝的关系。而犹太人的全部历史恰恰包含着这种原始的关系。

比方说，导致犹太人的生活发生很大变化的大事，使他们一般成为受苦受难的人——逃亡者和殉道者——是基督教的出现，也就是信奉一个神的另一个宗教。所以，有了两个神教，而第二个——尽管它是从第一个那里受到鼓舞，并且把《圣经》奉为神圣的经文——却没有因此对犹太人少敌视一些。

莱维：请告诉我：在哪一方面这种对一个神的关系，这种以色列人的命运，使您感到关切？

萨特：但是对我来说，具有意义的，也不是道（Word）。本

---

① 朱庇特，罗马神话中的主神。——译者

质的问题是犹太人活着并且他现在仍旧超自然地活着。

　　莱维：那么，是犹太人的这种超自然的特性引起您的兴趣的吗？

　　萨特：是他来自宗教的超自然的特性。

　　莱维：当然。那么，就是这一点引起您的兴趣？

　　萨特：是的。但是也为了他有一个命运。

　　莱维：那是一回事，是不是？

　　萨特：那不完全是一回事。很明确那是指别的意思。犹太人的宗教给今生暗示一个终极，同时也暗示一个来世的出现，但是这个从今生创造的来世，那里万事安排将与今生不同。还有另一个我喜爱的主题：死去的犹太人以及其他死者也一样，会得到复活，会回到世间。与基督教的观念相反，他们没有——目前死去的犹太人——任何存在，除了坟墓以外，因此他们还会降生，就像在这个新的世界生活一样。这个新的世界就是终极目的。

莱维：在哪方面使您感到兴趣呢？

萨特：每个犹太人或多或少自觉地趋向的那个目标，但是这个目标最终应该重新把人类联合起来，正是这种社会和宗教的目的，只有犹太人才……

莱维：人们能看出您对您从马克思的著作中发现的关于人类史前史的终结观念能多么敏感；它使您对个人事业的思考具有了一致性。可是这种犹太人的救世主主义的目标，今天在哪方面引起您的兴趣呢？

萨特：恰恰是因为它缺乏一种马克思主义的品质，也就是缺乏一个确定目标的品质，从一个现实存在的情势开始并且设想未来的情况，加上那些通过发展今天的某些事实使这个目标可能达到的阶段。

莱维：您能不能把这一点讲得清楚一些？

萨特：犹太人的目标没有那种东西。可以这样说，它是人们为了彼此而存在的开始。那就是说，道德的目标。或者更恰切地说，它就是道德。犹太人认为今生的终极和来世的出现，意味着人的道德的存在就将来临。

莱维：是的，可是犹太人决不会像您所描述的那样，为了接受一种道德标准而等待世界的结束。

萨特：我们，非犹太人，也在寻求道德标准。这是一个寻找最后目标的问题；那就是说，一旦道德成为人们相互关系的生活方式，目前道德所有的准则和命令可能就不会再有了，当然，以前常常有人说过这样的话。它将成为形成思想、感情的方式……

莱维：是的，可是犹太人过去以为有一种超越——如果人们还能天真地使用这个字眼——法律的可能性，超越于法律之上，而不是在法律之下。不是把法令撇在一边，像您所说的那样，而是按照法令来思考，才是为这个目标——废除法令——作准备。现代人曾主张用那种从法令下面溜过去的办法来规避法令。用犯法，或者用宣称任何法律概念都已过时的办法。

萨特：确是这样。当然，正是因为这个原因，救世主主义是只有犹太人才能以这种态度设想出来的一种重要思想，但是它能被非犹太人利用来达到其他目的。

莱维：为什么为了其他目的？

萨特：因为与我联合共事的非犹太人的目的是革命。这说明什么意思呢？当今社会的压制，需要代之以一个较为公正的社会，使人们相互之间能产生良好的关系。这种革命观念，现在已经很古老了。

莱维：两件事总有一件要发生。要么是您会重新发现……

萨特：革命派要创造一个更令人满意和更合乎人性的社会；但是他们忘记了这一点：这样一种社会不是一个事实的社会（a society of fact）。它是，人们可以说，一个公正的社会。换言之，一个其中人与人之间的关系是道德的社会。现在，这种作为革命的最终目的的道德观念可以最好设想为一种救世主主义。有很多经济问题，当然，但是与马克思和马克思主义者们相反，这些问题并不是至关重要的。这些问题的解决，在一定情况下，是一条到达人们相互之间的真正关系的道路。

莱维：别忘了犹太人有一段漫长的假救世主主义的历史：犹太人和左派联合在一起，甚至设想对后者重新加以界定，并不是出于自动的。

萨特：不管怎样，犹太人的实在应该继续存在在革命中。

这个实在应该给革命带来道德力量。

莱维：归结起来——因为我们必须结束谈话了——您打算在七十五岁的高龄从头开始吧。

萨特：坦率地说，有一件事在我一生中发生过两次，那就是绝望的诱惑。第一次是在 1939 至 1945 年；那时我成长得超过了我的青年时期，我没有参加政治活动，我忙于搞文学，我同我的朋友们在一起生活，我很快活，我的生命正在成形。战争来临了，一点一点地，特别是在战败以后和德国占领期间，我彻底感觉到我曾经认为展示在前面的世界被夺去了：我发现我面临着一个悲惨、邪恶和绝望的世界。但是我拒绝这种绝望的可能性，尽管在我周围绝望随处可见，所以我同那些没有绝望而且认为我们能够为一个幸福的未来而战的朋友结成同盟，即使当时并没有这种未来的存在的可能性。当然，我们可以抵抗，但是战争的结果却不操在我们的手中，而操在英国人、美国人的手中。那时候，我感到那种非存在(non-existance)，日常生活中的陈词滥调，威胁着每个法国人，威胁着我。如果说，尽管如此，我仍然相信纳粹的势力终究要退出，战争终究要结束，那是因为我内心自有一种东西——希望——它从未长久离开过我。后来战争结束了。从那时起，我始终过着幸福的生活，但是不时被辩论，被必须保卫的事业，被有时像是绝望的思想打断，如在朝鲜战争期间那样，但是很快我又重新振作起来。接着，一点一点地，事情又一次出了问题。1975年①，当时我还是一个被1968年5月②所鼓舞的人，基本上想把自己的思想并无多大矛盾地同1968年的那些人的思想联合起来。可是接着国际形势就变成了今天这样的状态，这就是，至少在许多政府，几乎是每个国家的政府中，右倾思想取得了一次胜利。

莱维：您把苏联列入右派之中吗？

萨特：当然。还有美国人，瑞典人……

莱维：瑞典人？

萨特：是的。他们的新政府是倾向右派的，而多年来瑞典是一直站在左派一边的。此外，那是一个罕见的社会，一个我们这些马克思主义者无法接受的社会，因为它是一个不是马克思主义者的社会主义者。在我们看来，那似乎令人怀疑。总之，今天世界各国都有一个胜利的右派。另一方面，冷战似乎又回到了生活中。入侵阿富汗是一件特别令人忧虑

---

① 指1975年苏联进军阿富汗，支持亲苏的卡尔迈勒政府歼击反抗政府的阿富汗人民游击队。——译者
② 指1968年5月在法国风起云涌的学生运动。——译者

的事实。一场第三次世界大战不是不可能的，为了一切邪恶的、一切误解的理由。今天这个星球一方面是属于穷人的，他们极端贫困，濒于饿死；而另一方面是属于少数富人的，他们开始变得不那么富有了，但是很明显他们或多或少是富裕集团的那部分。

由于这个第三次世界大战总有一天行将爆发，由于我们这颗星球已成为这样一个悲惨的整体，绝望又一次回来诱惑我，令我浮现出这样的念头：我们永远不会结束战争，我们没有任何目标，只有人民为之斗争的那些个别的目标。人民开始进行小型的革命，但是没有一个为人类而奋斗的目标，没有能引起人类关注的东西，有的只是分裂。使人思索类似这样的问题是完全可能的。这种思想久久地诱惑着我们，特别是当你年纪已老但还能思索的时候：唔，不管怎样，至多五年之内，我就将死去——事实上，我相信会有十年，但是实际只能是五年。不管怎样，这世界似乎显得丑恶、不道德而又没有希望。这是一个老人的平静的绝望，而他将在这种绝望之中死去。但是我抵制的恰恰就是绝望，而我知道我将在希望之中死去；但必须为这种希望创造一个基础。

我们现在必须设法解释，这样可怕的世界何以在漫长的历史演变中只是短暂的一瞬，希望又何以始终是革命和起义的支配力量之一，而我又何以再一次把希望视为我对未来的概念。

图书在版编目(CIP)数据

存在主义是一种人道主义 / (法)萨特
(Sartre, J. P.)著;周煦良,汤永宽译.
—上海:上海译文出版社,2012.6(2025.10重印)
(译文经典)
书名原文:L'existentialisme est un humanisme
ISBN 978 - 7 - 5327 - 5801 - 2

Ⅰ.①存… Ⅱ.①萨… ②周…③汤… Ⅲ.①存在主
义-研究 Ⅳ.①B086

中国版本图书馆 CIP 数据核字(2012)第 074182 号

Jean-Paul Sartre
L'existentialisme est un humanisme
© Editions Gallimard 1996

图字:09 - 2008 - 175 号

存在主义是一种人道主义

〔法〕让-保罗·萨特 著 周煦良 汤永宽 译
责任编辑/范炜炜 装帧设计/张志全工作室

上海译文出版社有限公司出版、发行
网址:www.yiwen.com.cn
201101 上海市闵行区号景路 159 弄 B 座
山东临沂新华印刷物流集团有限责任公司印刷

开本 787×1092 1/32 印张 4.25 插页 5 字数 59,000
2012 年 6 月第 1 版 2025 年 10 月第 26 次印刷
印数:141,001—151,000 册

ISBN 978 - 7 - 5327 - 5801 - 2
定价:32.00 元